A2.1 Deutsch für Jugendliche

Arbeitsbuch

Robson Carapeto-Conceição
Sabine Jentges
Friederike Jin
Anjali Kothari

A2.1 | Deutsch für Jugendliche

Arbeitsbuch

Im Auftrag des Verlages erarbeitet von
Robson Carapeto-Conceição, Friederike Jin, Anjali Kothari
Phonetik: Friederike Jin
Landeskunde: Sabine Jentges

Redaktion: Natascha Remmert
Projektleitung: Meike Wilken
Redaktionsleitung: Andrea Mackensen

Illustration: Silke Bachmann & Irina Zinner (Cover)

Umschlaggestaltung und Layoutkonzept: Rosendahl Berlin, Agentur für Markendesign
Technische Umsetzung: graphitecture book & edition

Basierend auf prima plus A2.1 von Friederike Jin und Lutz Rohrmann

Weitere Materialien und Informationen zur Lehrwerksreihe finden Sie unter:

www.cornelsen.de sowie
www.cornelsen.de/prima-aktiv

Soweit in diesem Lehrwerk Personen fotografisch abgebildet sind und ihnen von der Redaktion fiktive Namen, Berufe, Dialoge und Ähnliches zugeordnet oder diese Personen in bestimmte Kontexte gesetzt werden, dienen diese Zuordnungen und Darstellungen ausschließlich der Veranschaulichung und dem besseren Verständnis des Inhalts.

1. Auflage, 2. Druck 2025

Alle Drucke dieser Auflage sind inhaltlich unverändert und können im Unterricht nebeneinander verwendet werden.

Schválilo MŠMT č. j. MSMT-9694/2024-3 dne 7. 1. 2025 k zařazení do seznamu učebnic pro základní vzdělávání jako součást ucelené řady učebnic pro vzdělávací obor Cizí jazyk s dobou platnosti šest let.

Druck: AZ Druck und Datentechnik GmbH, Kempten

ISBN 978-3-06-122599-5 (Arbeitsbuch)
ISBN 978-3-06-122620-6 (E-Book)

Inhalt

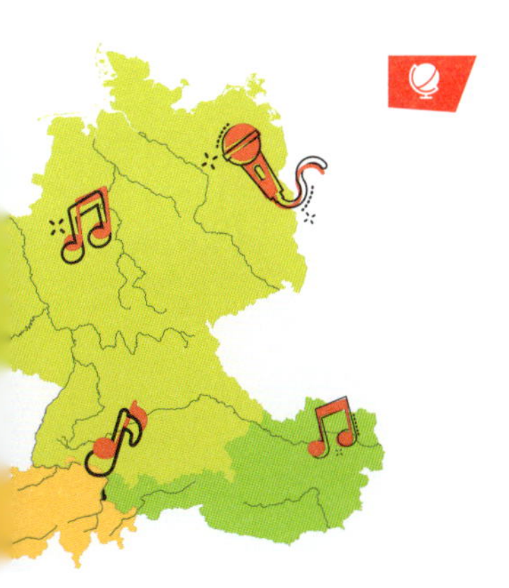

Wegweiser

1 Wie war's in den Ferien?

4 Aprilwetter

a Ergänz die Himmelsrichtungen auf der Windrose.

1. ______
2. ______
3. ______
4. ______

b Sieh dir die Karte an und ergänz die Himmelsrichtungen in den Sätzen.

1. Im ______ von Deutschland ist es heute kalt und es schneit.
2. Im ______ gibt es starke Gewitter bei Temperaturen um 8 Grad.
3. Im ______ scheint die Sonne und die Temperaturen steigen auf 10 Grad.
4. Im ______ ist es bewölkt, windig und nass.

5 Jahreszeiten und Lieblingswetter

4–6 Hör drei kurze Gespräche. Hör jeden Text einmal. Welches Foto passt? Kreuz an: A, B oder C.

1. Welche Ferien findet Tobi am besten?
2. Welche Jahreszeit ist Julias Lieblingsjahreszeit?
3. Was macht Pia in den Ferien gern?

8 acht

Im Kursbuch lernen – im Arbeitsbuch üben!

Im Kursbuch lernst du viele Wörter und Strukturen. Hier im Arbeitsbuch kannst du sie wiederholen und üben. Jede Aufgabe im Arbeitsbuch passt zur Aufgabe im Kursbuch. Es gibt keine neuen Lernwörter und keine neue Grammatik. Das ist praktisch!

Du kannst alle Aufgaben alleine oder in der Klasse machen.

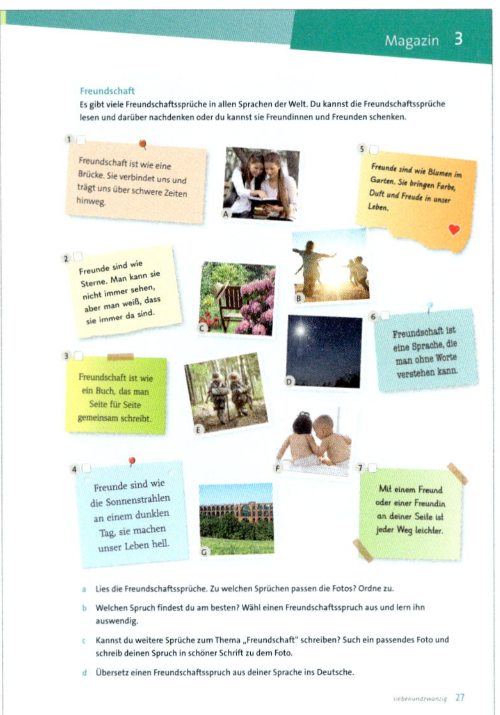

Magazin 3

Freundschaft

Es gibt viele Freundschaftssprüche in allen Sprachen der Welt. Du kannst die Freundschaftssprüche lesen und darüber nachdenken oder du kannst sie Freundinnen und Freunden schenken.

1. Freundschaft ist wie eine Brücke. Sie verbindet uns und trägt uns über schwere Zeiten hinweg.
2. Freunde sind wie Sterne. Man kann sie nicht immer sehen, aber man weiß, dass sie immer da sind.
3. Freundschaft ist wie ein Buch, das man Seite für Seite gemeinsam schreibt.
4. Freunde sind wie die Sonnenstrahlen an einem dunklen Tag, sie machen unser Leben hell.
5. Freunde sind wie Blumen im Garten. Sie bringen Farbe, Duft und Freude in unser Leben.
6. Freundschaft ist eine Sprache, die man ohne Worte verstehen kann.
7. Mit einem Freund oder einer Freundin an deiner Seite ist jeder Weg leichter.

a Lies die Freundschaftssprüche. Zu welchen Sprüchen passen die Fotos? Ordne zu.

b Welchen Spruch findest du am besten? Wähl einen Freundschaftsspruch aus und lern ihn auswendig.

c Kannst du weitere Sprüche zum Thema „Freundschaft" schreiben? Such ein passendes Foto und schreib deinen Spruch in schöner Schrift zu dem Foto.

d Übersetz einen Freundschaftsspruch aus deiner Sprache ins Deutsche.

siebenundzwanzig 27

Magazin

Liest du gern? Hörst du gern Podcasts? Auf dieser Seite kannst du spannende Geschichten von Jugendlichen lesen oder hören. So kannst du dein Verständnis trainieren. Manchmal gibt es auch Sprichwörter oder Lieder.

6 Teste dich!

Mach die Übungen. Kontrollier deine Ergebnisse auf Seite 86 und 87 und notier die Punkte.

1 Sagen, was mir gefällt ___/6 Punkte

Was gefällt den Leuten? Ordne die Wörter und schreib die Sätze.

1. Jeans • modische • gefallen • Mir • . ______
2. den • super • Ich • finde • Mantel • roten • . ______
3. mögen • Meine Eltern • grünen • Haare • keine • . ______

2 Sachen und Personen beschreiben ___/8 Punkte

Was trägt Lina? Sieh dir das Bild an und ergänz die Sätze.

trägt • trägt • gelbe • langen • warm • warme • weiß • pinke

Lina ______ (1) heute eine ______ (2) Mütze und einen ______ (3) Schal. Ihr Mantel ist ______ (4) und sehr ______ (5). Sie ______ (6) ______ (7) Stiefel. Wie findet ihr die ______ (8) Hose?

66 3 Über Kleidung sprechen und Kleidung kaufen ___/4 Punkte

Welche Antwort passt? Hör die Fragen und ordne sie den Antworten zu.

a) Ja, mit der Jacke siehst du super aus!
b) Die sind zu eng.
c) Nein, die ist viel zu teuer.
d) Probier es doch mal an.

4 Über eine Statistik sprechen ___/3 Punkte

Was passt zusammen? Verbinde die Satzteile.

1. Die Jugendlichen bekommen
2. Die Ausgaben für Kleidung
3. Nur 15 Prozent

a) kaufen vom Taschengeld Sachen für die Schule.
b) 40 Euro Taschengeld pro Monat.
c) stehen an erster Stelle.

5 Grammatik ___/4 Punkte

Ergänz die Adjektivendungen im Nominativ und Akkusativ.

1. Schau mal, ein cool___ Pullover, ein süß___ T-Shirt, eine günstig___ Hose und schön___ Schuhe.
2. Den cool___ Pullover, das süß___ T-Shirt, die günstig___ Hose und die schön___ Schuhe habe ich mir gerade gekauft!

Punkte insgesamt: ______/25

56 sechsundfünfzig

Teste dich!

Was kannst du gut? Was kannst du noch nicht so gut? Am Ende jeder Einheit gibt es einen kleinen Test. Alle wichtigen Wörter und Strukturen dazu findest du im Kursbuch auf der Seite *Das kann ich jetzt*.

Du kannst deine Ergebnisse in den **Lösungen** auf den Seiten 85 bis 87 selbst kontrollieren. Wie viele Punkte hast du?

25 – 21 → Super!
20 – 16 → Gut!
15 – 11 → Das geht besser!
10 – 0 → Üben, üben, üben, dann kannst du es!

Auf den Seiten 70 bis 78 gibt es einen **Zwischentest**. Dort kannst du für die Prüfung *Fit in Deutsch* trainieren.

Meine Wörter

Das ist die letzte Seite jeder Einheit. Hier findest du alle wichtigen Wörter. Sie sind nach den Seiten im Kursbuch geordnet. Wie heißen die Wörter in deiner Sprache? Schreib es auf die Linien. Die Tipps helfen beim Lernen. Du kannst alle Wörter und Beispielsätze auch hören.

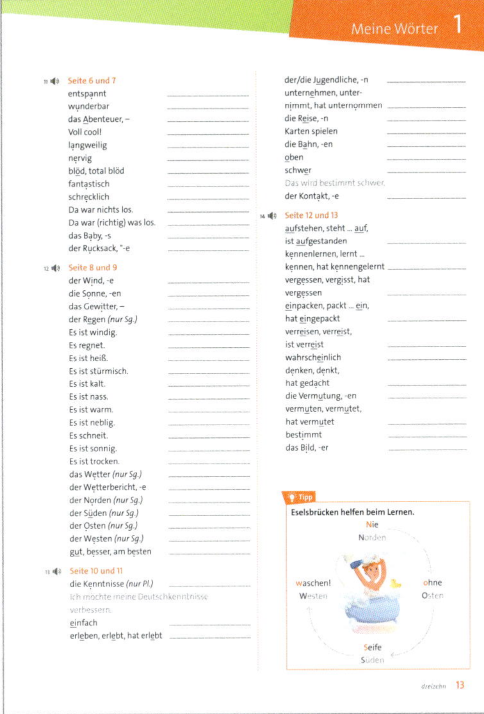

Meine Wörter 1

Seite 6 und 7
entspannt
wunderbar
das Abenteuer, –
Voll cool!
langweilig
nervig
blöd, total blöd
fantastisch
schrecklich
Da war nichts los.
Da war (richtig) was los.
das Baby, -s
der Rucksack, ¨-e

Seite 8 und 9
der Wind, -e
die Sonne, -en
das Gewitter, –
der Regen (nur Sg.)
Es ist windig.
Es regnet.
Es ist heiß.
Es ist stürmisch.
Es ist kalt.
Es ist nass.
Es ist warm.
Es ist neblig.
Es schneit.
Es ist sonnig.
Es ist trocken.
das Wetter (nur Sg.)
der Wetterbericht, -e
der Norden (nur Sg.)
der Süden (nur Sg.)
der Osten (nur Sg.)
der Westen (nur Sg.)
gut, besser, am besten

Seite 10 und 11
die Kenntnisse (nur Pl.)
Ich möchte meine Deutschkenntnisse verbessern.
einfach
erleben, erlebt, hat erlebt

der/die Jugendliche, -n
unternehmen, unternimmt, hat unternommen
die Reise, -n
Karten spielen
die Bahn, -en
oben
schwer
Das wird bestimmt schwer.
der Kontakt, -e

Seite 12 und 13
aufstehen, steht ... auf, ist aufgestanden
kennenlernen, lernt ... kennen, hat kennengelernt
vergessen, vergisst, hat vergessen
einpacken, packt ... ein, hat eingepackt
verreisen, verreist, ist verreist
wahrscheinlich
denken, denkt, hat gedacht
die Vermutung, -en
vermuten, vermutet, hat vermutet
bestimmt
das Bild, -er

Tipp
Eselsbrücken helfen beim Lernen.

dreizehn 13

Fakten & Kurioses

Hier lernst du interessante Dinge über Deutschland, Österreich und die Schweiz. Dabei wiederholst du auch Wörter und Strukturen.

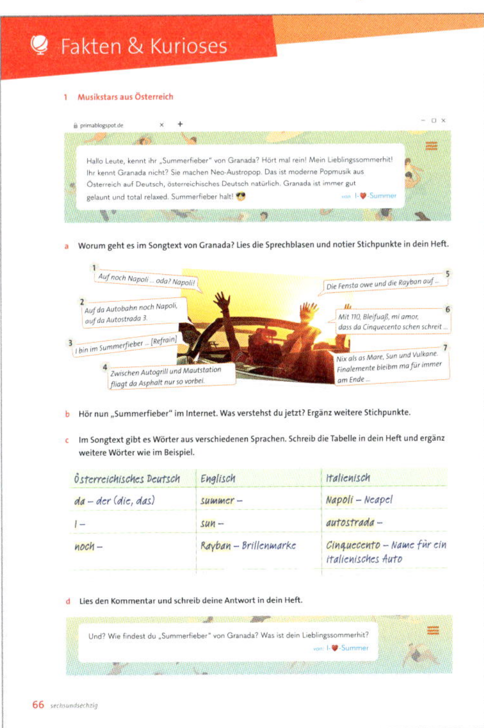

Fakten & Kurioses

1 Musikstars aus Österreich

primablogspot.de

Hallo Leute, kennt ihr „Summerfieber" von Granada? Hört mal rein! Mein Lieblingssommerhit! Ihr kennt Granada nicht? Sie machen Neo-Austropop. Das ist moderne Popmusik aus Österreich auf Deutsch, österreichisches Deutsch natürlich. Granada ist immer gut gelaunt und total relaxed. Summerfieber halt! von I-♥-Summer

a Worum geht es im Songtext von Granada? Lies die Sprechblasen und notier Stichpunkte in dein Heft.

b Hör nun „Summerfieber" im Internet. Was verstehst du jetzt? Ergänz weitere Stichpunkte.

c Im Songtext gibt es Wörter aus verschiedenen Sprachen. Schreib die Tabelle in dein Heft und ergänz weitere Wörter wie im Beispiel.

Österreichisches Deutsch	Englisch	Italienisch
da – der (die, das)	summer –	Napoli – Neapel
I –	sun –	autostrada –
noch –	Rayban – Brillenmarke	Cinquecento – Name für ein italienisches Auto

d Lies den Kommentar und schreib deine Antwort in dein Heft.

Und? Wie findest du „Summerfieber" von Granada? Was ist dein Lieblingssommerhit? von: I-♥-Summer

66 sechsundsechzig

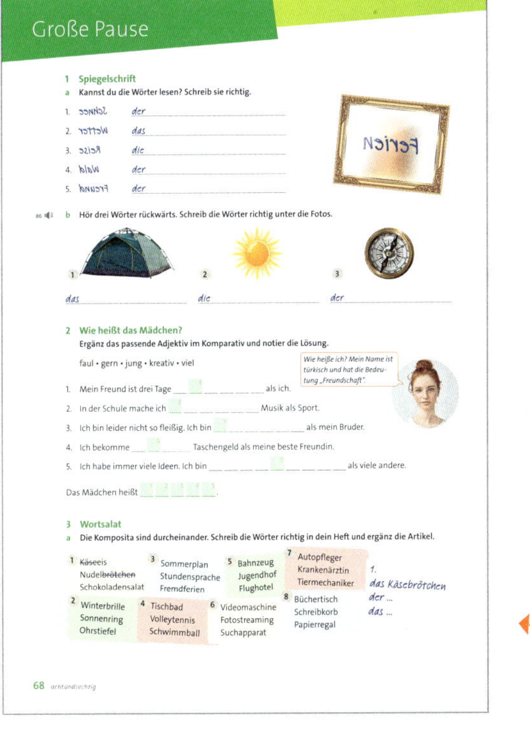

Große Pause

1 Spiegelschrift

a Kannst du die Wörter lesen? Schreib sie richtig.

1. Schnee (in Spiegelschrift) der
2. Wetter (in Spiegelschrift) das
3. Reise (in Spiegelschrift) die
4. Wald (in Spiegelschrift) der
5. Freund (in Spiegelschrift) der

b Hör drei Wörter rückwärts. Schreib die Wörter richtig unter die Fotos.

1 das
2 die
3 der

2 Wie heißt das Mädchen?

Ergänz das passende Adjektiv im Komparativ und notier die Lösung.

faul • gern • jung • kreativ • viel

1. Mein Freund ist drei Tage ___ als ich.
2. In der Schule mache ich ___ Musik als Sport.
3. Ich bin leider nicht so fleißig. Ich bin ___ als mein Bruder.
4. Ich bekomme ___ Taschengeld als meine beste Freundin.
5. Ich habe immer viele Ideen. Ich bin ___ als viele andere.

Das Mädchen heißt ___.

3 Wortsalat

a Die Komposita sind durcheinander. Schreib die Wörter richtig in dein Heft und ergänz die Artikel.

1 Käseeis, Nudelbrötchen, Schokoladensalat
2 Winterbrille, Sonnenring, Ohrstiefel
3 Sommerplan, Stundensprache, Fremdferien
4 Tischbad, Volleytennis, Schwimmball
5 Bahnzeug, Jugendhof, Flughotel
6 Videomaschine, Fotostreaming, Suchapparat
7 Autopfleger, Krankenärztin, Tiermechaniker
8 Büchertisch, Schreibkorb, Papierregal

1. das Käsebrötchen
der ...
das ...

68 achtundsechzig

Kleine Pause und Große Pause

In der kleinen und großen Pause gibt es spielerische Aufgaben. So macht Lernen Spaß!

Eine Übersicht zur **Grammatik** gibt es auf den Seiten 79 bis 84.

1 Wie war's in den Ferien?

1 Wo warst du in den Ferien?

2 🔊 **a** **Hör zu und lies die Aussagen. Welches Foto und welche Aussage passen zu Peter und Sophie?**

Peter – Foto: ____
1. ☐ Das war voll cool.
2. ☐ Da war nichts los.
3. ☐ Das war wirklich langweilig.

Sophie – Foto: ____
1. ☐ Da war richtig was los.
2. ☐ Es war total blöd.
3. ☐ Es war total gemütlich.

b **Wo waren die Jugendlichen? Verbinde die Wörter und ordne sie zu. Schreib dann die Sätze wie im Beispiel in dein Heft.**

im Museum

____

____

in • am • in den • zu • ~~im~~ • im

Bergen • Hause • Park • ~~Museum~~ • Strand • Trier

____

____

____

1. Mira war im Museum.

2 Da war richtig was los!

a **Ergänz die Tabelle mit den Endungen im Dativ.**

Nach **mit** immer Dativ: *Ich fahre mit dem Zug.*

der Bruder	das Fahrrad	die Schwester	die Freunde
mit d___ Bruder	mit d___ Fahrrad	mit d___ Schwester	mit d___ Freunde*n*
mit mein___ Bruder	mit mein___ Fahrrad	mit meine___ Schwester	mit meine___ Freunde___
mit dein___ / sein___ / ihr___ / unser___ / eur___ / ihr___ / Ihr___ Bruder			
mit deine___ / seine___ / ihre___ / unsere___ / eure___ / ihre___ / Ihre___ Schwester			

3 b **Ein Rap-Text mit den Possessivartikeln im Dativ. Hör zu und ergänz die Lücken. Hör noch einmal zur Kontrolle und sprich dann den Rap mit.**

Alle tanzen auf der Party.

Ich mit	*meinem*	Freund,	wir mit	______	Freunden,
du mit	______	Freund,	ihr mit	______	Freunden,
er mit	______	Freund,	sie/Sie mit	______	Freunden.
sie mit	______	Freund,	Alle tanzen auf der Party.		

c **Schreib den gleichen Rap-Text mit dem Wort „Freundin“ und den Possessivartikeln im Dativ in dein Heft.**

Ich mit meiner Freundin,
du mit ______ Freundin ...

d **Lies die Sätze und ergänz die Endungen der Possessivartikel im Dativ.**

1. Ich war mit meine___ Familie in Spanien.
2. Gehst du oft mit deine___ Freundin ins Kino?
3. Marta fährt mit ihre___ Tante ans Meer.
4. Wir gehen mit unsere___ Freundinnen in den Park.
5. Spielt ihr mit eure___ kleinen Schwestern Fußball?
6. Pia und Alex chillen mit ihre___ Freundinnen.

3 Das Wetter

Es ist ... oder Es ...? Ergänz die Tabelle wie im Beispiel.

bewölkt • ~~sonnig~~ • windig • regnet • heiß • gewittert • ~~schneit~~ • neblig • kalt

	Artikel + Nomen	Es ist ...	Es ...
1	*die Sonne*	*Es ist sonnig.*	*–*
2	*der Schnee*	*–*	*Es schneit.*
3			
4			
5			
6			
7			
8			
9			

4 Aprilwetter

a Ergänz die Himmelsrichtungen auf der Windrose.

1. ______________
2. ______________
3. ______________
4. ______________

b Sieh dir die Karte an und ergänz die Himmelsrichtungen in den Sätzen.

1. Im ______________ von Deutschland ist es heute kalt und es schneit.
2. Im ______________ gibt es starke Gewitter bei Temperaturen um 8 Grad.
3. Im ______________ scheint die Sonne und die Temperaturen steigen auf 10 Grad.
4. Im ______________ ist es bewölkt, windig und nass.

5 Jahreszeiten und Lieblingswetter

P 4–6

Hör drei kurze Gespräche. Hör jeden Text einmal. Welches Foto passt? Kreuz an: A, B oder C.

1. Welche Ferien findet Tobi am besten?

A

B

C

2. Welche Jahreszeit ist Julias Lieblingsjahreszeit?

A

B

C

3. Was macht Pia in den Ferien gern?

A

B

C

6 Aslans Reiseblog

a Was passt zusammen? Ordne zu.

1. chillen
2. fahren
3. treffen
4. erleben
5. besichtigen
6. regnen
7. gehen
8. packen
9. laufen
10. unternehmen
11. hören
12. bleiben
13. essen

- [ ] a) gelaufen
- [ ] b) unternommen
- [ ] c) gegangen
- [ ] d) gegessen
- [ ] e) geblieben
- [2] f) gefahren
- [ ] g) gepackt
- [ ] h) besichtigt
- [ ] i) getroffen
- [ ] j) erlebt
- [1] k) gechillt
- [ ] l) gehört
- [ ] m) geregnet

7 **b Schreib die Verben aus a wie im Beispiel in dein Heft. Hör zur Kontrolle.**

Perfekt mit „haben"	Perfekt mit „sein"
1. ich habe gechillt	2. ich bin gefahren

Tipp A → B

Die meisten Verben bilden das Perfekt mit dem Hilfsverb *haben*. Verben mit lokaler Veränderung (A → B), z. B. *laufen* oder *gehen*, bilden das Perfekt mit *sein*.

c Marlenas Reiseblog. Bilde die Partizipien und ergänz den Blogbeitrag.

bleiben • fahren • ~~erleben~~ • fahren • packen • laufen • chillen • hören • besichtigen • regnen • gehen • treffen • essen • unternehmen

primablogspot.de

Berlin, Berlin, wir fahren nach Berlin!

Ich war drei Tage mit einer Jugendgruppe mit Jugendlichen aus Wien, Madrid und Paris in Berlin. Und das habe ich *erlebt* (1): Vorgestern habe ich mittags die anderen Jugendlichen im Jugendhotel ______ (2), alle waren total sympathisch. Zuerst haben wir Pizza ______ (3). Lecker! Dann haben wir ganz viel ______ (4): Fernsehturm, Brandenburger Tor, Reichstag und, und, und ... Wir sind mit der U-Bahn und dem Bus ______ (5) und sind über das Tempelhofer Feld ______ (6) (das war ein Flughafen und ist jetzt ein großer Park). Abends waren wir total müde und sind im Hotel ______ (7). Wir haben auf dem Bett ______ (8) und haben Musik ______ (9). Gestern sind wir dann nach Potsdam ______ (10) und haben die Stadt ______ (11). Das war sehr interessant! Heute Morgen hat es dann ______ (12). Deshalb sind wir ins Museum ______ (13). Nachmittags habe ich meinen Koffer ______ (14). Berlin war echt spannend!

7 Die schönsten Momente

a Zeichne die Tabelle in dein Heft und ordne die Infinitive und Partizipien zu. Markier wie im Beispiel.

regnen – geregnet • ~~mitbringen – mitgebracht~~ • ~~fotografieren – fotografiert~~ • probieren – probiert • vergessen – vergessen • verreisen – verreist • bleiben – geblieben • telefonieren – telefoniert • ankommen – angekommen • ~~kaufen – gekauft~~ • gehen – gegangen • passieren – passiert • ~~besichtigen – besichtigt~~ • erleben – erlebt • kennenlernen – kennengelernt • aufstehen – aufgestanden

① • ge...-t • ge...-en	② • ...ge...-t • ...ge...-en	③ • kein ge- aber -t • kein ge- aber -en → Vorsilben: ver, er-, be-	④ • kein ge- aber -t → Verben auf -ieren
kaufen – gekauft	mitbringen – mitgebracht	besichtigen – besichtigt	fotografieren – fotografiert

8 **b Wortakzent bei Partizipien. Hör nun die Partizipien aus der Tabelle in a. Kontrollier deine Lösungen und sprich nach.**

8 Nach den Ferien

9 **a Was hat Mira in den Ferien gemacht? Sieh dir Miras Bildnachricht an und notier Vermutungen. Hör dann zur Kontrolle.**

Ich denke, Mira war in Spanien.

Vermutungen äußern:
Ich glaube, ... • Ich denke, ... • Ich vermute, ... • Vielleicht ... • Wahrscheinlich ... • Bestimmt ...

b Wie waren deine letzten Ferien? Notier Stichpunkte zu den Fragen in dein Heft.

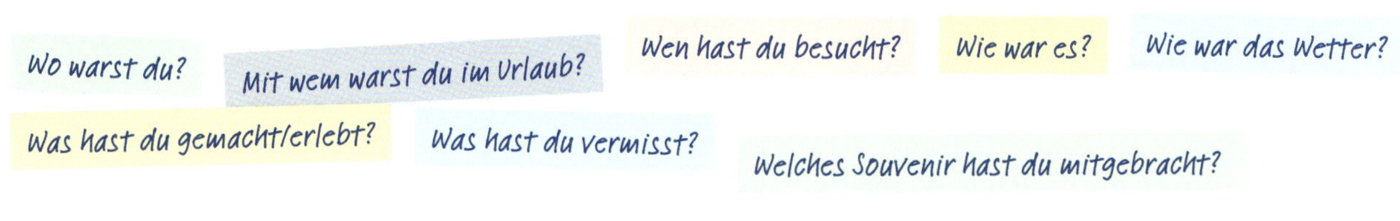

c Bilde aus deinen Stichpunkten und mit den Redemitteln Sätze. Sprich sie laut nach.

In meinen letzten Ferien sind wir nach Frankreich geflogen. Wir waren zehn Tage in Paris.

Ich bin mit ... nach ... gefahren/geflogen.
Wir waren ... Tage / eine Woche ... / ... Wochen in ...
Am ersten/zweiten/dritten Tag ...
Zuerst/Dann ...
Ich habe / Wir haben ... gesehen/besichtigt.

Das Wetter war ...
Es war ...
Es hat viel/manchmal/nie ...
Ich habe ... als Souvenir mitgebracht.
Ich vermisse ... / Ich habe ... vermisst.

d Mach nun einen kleinen Podcast über deine Ferien. Deine Stichpunkte aus b helfen. Sprich vor dem Spiegel oder mach ein Video oder Audio mit deinem Handy.

Ferien in der Schweiz

Waldläufer an der Schwarzwasserbrücke

Biber

In einer Woche Ferien in der Natur, an der Schwarzwasserbrücke in der Schweiz, kann man viel lernen. Wie ist die Nacht im Wald? Wie lebt ein Biber? Wo baut der Eisvogel sein Nest? Man kann viele Tiere sehen und hören und viel über Pflanzen lernen. Wie alt ist ein Baum und welche Pflanzen können heilen?

Eisvogel

Es war ein besonderes Abenteuer. Zwölf Jungen und fünf Mädchen im Alter von 14 bis 17 Jahren und zwei erwachsene Begleiter haben ungewöhnliche Ferien an der Schwarzwasserbrücke verbracht. Sieben Tage lang haben sie zusammen Tag und Nacht in der Natur gelebt, ohne Haus und ohne Zelt, nur mit Schlafsack.

am Lagerfeuer kochen

Sie haben ihr Leben gemeinsam organisiert. Wer kocht das Essen? Wann wollen wir essen? Wo schlafen wir? Wollen wir weitergehen oder hierbleiben? Wann wollen wir unsere Freizeit genießen? Diese Fragen hat die Gruppe jeden Tag zusammen diskutiert und entschieden. Alle haben mitgemacht. Jeder hat auch einmal am Lagerfeuer gekocht. Jeden Tag hatten drei Jugendliche Kochdienst. Manchmal hat es „interessant" geschmeckt.

Es war eine spannende, aber auch anstrengende Woche. Fast alle möchten im nächsten Jahr wiederkommen.

Beantworte die Fragen wie im Beispiel.

1. Wo waren die Jugendlichen? *In der Schweiz.*
2. Wie viele Jugendliche waren in der Gruppe? ______
3. Wo haben die Jugendlichen gelebt? ______
4. Wie lange haben die Ferien gedauert? ______
5. Wer hat den Tagesplan gemacht? ______
6. Wer hat das Essen gekocht? ______
7. Wie war die Woche? ______
8. Wer möchte im nächsten Jahr wiederkommen? ______

1 Teste dich!

Mach die Übungen. Kontrollier deine Ergebnisse auf Seite 85 und notier die Punkte.

1 Sagen, wie die Ferien waren

___/6 Punkte

Ergänz die Sätze.

Da war nichts los. • entspannt • Eltern • meinen • allein • Voll cool!

1. Meine Ferien in Italien waren total ______________! 😄 Ich war mit meinen ______________ und meinem Freund am Strand.
2. Ich war ______________ mit dem Rucksack unterwegs. ______________ 😄
3. Ich war mit ______________ Großeltern auf dem Land. ______________ ☹

2 Das Wetter beschreiben

___/3 Punkte

Welches Foto passt zu welchem Satz? Ordne zu.

☐ A ☐ B ☐ C

1. Es schneit und es ist sehr kalt.
2. Es regnet und es ist stürmisch.
3. Es sind 35 Grad. Die Sonne scheint.

3 Von Ferienerlebnissen erzählen

___/6 Punkte

Ordne den Blogtext von 1 bis 6.

☐ a) Wir waren am Strand, sind lange geschwommen und sind ins Kino gegangen.
☐ b) Meine Ferien mit Isabel waren fantastisch! Wir wollen in Kontakt bleiben.
☐ c) Isabel und ich haben viel zusammen unternommen:
☐ d) Dort habe ich Isabel aus Bielefeld kennengelernt.
☐ e) In den Ferien war ich an der Ostsee.
☐ f) Und manchmal haben wir einfach nur gechillt.

4 Vermutungen äußern

___/4 Punkte

10 🔊 **Hör zu und schreib zwei Vermutungen über Emmas Ferien.**

____

____

5 Grammatik

___/6 Punkte

Ordne die Wörter und schreib die Sätze in dein Heft.

1. meiner • am Strand • bin • mit • Ich • Freundin • gewesen • .
2. ist • nach • Paul • mit • Italien • geflogen • seinen • Eltern • .
3. mit • Hund • ist • See • Hans • seinem • im • geschwommen • .

Punkte insgesamt: __________ /25

11 Seite 6 und 7

entspannt
wunderbar
das Abenteuer, –
Voll cool!
langweilig
nervig
blöd, total blöd
fantastisch
schrecklich
Da war nichts los.
Da war (richtig) was los.
das Baby, -s
der Rucksack, "-e

12 Seite 8 und 9

der Wind, -e
die Sonne, -en
das Gewitter, –
der Regen *(nur Sg.)*
Es ist windig.
Es regnet.
Es ist heiß.
Es ist stürmisch.
Es ist kalt.
Es ist nass.
Es ist warm.
Es ist neblig.
Es schneit.
Es ist sonnig.
Es ist trocken.
das Wetter *(nur Sg.)*
der Wetterbericht, -e
der Norden *(nur Sg.)*
der Süden *(nur Sg.)*
der Osten *(nur Sg.)*
der Westen *(nur Sg.)*
gut, besser, am besten

13 Seite 10 und 11

die Kenntnisse *(nur Pl.)*
Ich möchte meine Deutschkenntnisse verbessern.
einfach
erleben, erlebt, hat erlebt
der/die Jugendliche, -n
unternehmen, unternimmt, hat unternommen
die Reise, -n
Karten spielen
die Bahn, -en
oben
schwer
Das wird bestimmt schwer.
der Kontakt, -e

14 Seite 12 und 13

aufstehen, steht ... auf, ist aufgestanden
kennenlernen, lernt ... kennen, hat kennengelernt
vergessen, vergisst, hat vergessen
einpacken, packt ... ein, hat eingepackt
verreisen, verreist, ist verreist
wahrscheinlich
denken, denkt, hat gedacht
die Vermutung, -en
vermuten, vermutet, hat vermutet
bestimmt
das Bild, -er

Tipp

Eselsbrücken helfen beim Lernen.

2 Viel Erfolg!

1 In 20 Jahren

a Welche Verben passen? Kreuz an.

	arbeiten	haben	lernen	sein	studieren	verdienen	werden
1. Hotelmanager				X			X
2. einen guten Beruf							
3. im Ausland							
4. berühmt							
5. als Babysitter							
6. eine neue Sprache							
7. viel Geld							

b Welche Alternative passt besser? Kreuz an.

1. Lara fotografiert gern, aber sie will
   - a) Fotografin
   - b) keine Fotografin

   werden.
2. Jonas will nach Spanien. Dort macht er einen Spanischkurs und
   - a) wird
   - b) arbeitet

   als Babysitter.
3. Pierre macht bald Abitur.
   - a) Ich vermute,
   - b) Ich sage,

   dass er dann im Ausland studiert.
4. Daria möchte bei der Feuerwehr arbeiten. Ich hoffe,
   - a) dass sie vielen Menschen hilft.
   - b) dass ihr Vater Feuerwehrmann ist.
5. Beim Karaoke hat Ole sehr gut gesungen. Ich glaube, dass er Sänger
   - a) wird.
   - b) werden.

c Lies die Sätze in b noch einmal. Was denkst du? Ordne die Wörter und schreib die Sätze wie im Beispiel in dein Heft.

Ich glaube, Ich glaube nicht, Ich vermute, Ich hoffe,	dass	Lara • Architektin • lieber • wird • . gerne • lernt • Sprachen • Jonas • . arbeiten • Jonas • muss • nicht so viel • . Pierre • beim Abitur • bekommt • eine schlechte Note • . Daria • hat • bei der Feuerwehr • gemacht • ein Praktikum • . sehr gut • spielt • Ole • Klavier • auch • .

Satzanfang	dass		Verb am Ende
1. Ich glaube,	dass	Lara lieber Architektin	wird.

2 Würfelorakel

Welche Zeitangabe passt zu welcher Zeichnung? Ordne zu.

in vier Wochen • nach der Schule • in vier Jahren • nächstes Jahr • mit zwölf Jahren • ~~im Februar~~ • nach dem Studium • ~~im Jahr 2040~~ • nächsten Sommer

1 

2 

3 

4 

5 

1	2	3	4	5
im Jahr 2040				
im Februar				

3 Was sind eure Wünsche?

Was ist in ein paar Jahren? Schreib Sätze wie im Beispiel.

1. Ich glaube, dass ich in fünf Jahren noch zu Hause wohne.

   Bestimmt *wohne ich in fünf Jahren noch zu Hause*.

2. Ich hoffe, dass ich in zehn Jahren alleine wohne.

   Hoffentlich ______________________.

3. Ich glaube, dass ich bald berühmt werde.

   Vielleicht ______________________.

4. Ich vermute, dass viele Stars in meinem Hotel schlafen wollen.

   Bestimmt ______________________.

5. Ich glaube, dass ich nach dem Abitur Geschichte studiere.

   ______________________.

6. Ich hoffe, dass ich mit 18 Jahren den Führerschein habe.

   ______________________.

4 Berufe

15–17 **a Welcher Text passt zu welchem Foto? Und wie heißen die Berufe? Hör zu und notier.**

A

B

C

b Was passt zusammen? Verbinde die Satzteile.

1. Ein Zahnarzt
2. Ein Kellner
3. Eine Automechanikerin
4. Eine Sängerin
5. Eine Journalistin
6. Eine Tennisspielerin

a) repariert Autos.
b) singt Lieder und schreibt Songtexte.
c) hilft bei Zahnschmerzen.
d) trainiert und nimmt an Wettbewerben teil.
e) schreibt Texte für die Zeitung.
f) bringt den Gästen das Essen.

18

c Hör zu und sprich nach. Achte auf die Aussprache von *r* und *l*.

5 Berufsportraits

a Ergänz die Sätze mit *weil* und markier das Verb am Ende.

Hauptsatz: Verb auf Position 2		Nebensatz mit *weil*: Verb am Ende
1. Luc macht einen Vlog.	Luc braucht eine gute Kamera,	weil er einen Vlog macht.
2. Anna war krank.	Anna war heute nicht im Büro, weil	______.
3. Kim mag Kinder.	Kim wird Lehrerin, weil	______.
4. Tom muss früh zur Arbeit.	Tom ist schon im Bett, weil	______.
5. Eva lernt gern Sprachen.	Eva wird Übersetzerin, weil	______.
6. Ich hatte viele Haustiere.	Ich bin Tierarzt geworden, weil	______.

b Lies das Berufsportrait und korrigier die Aussagen.

Hallo, ich bin Sam. In zwei Wochen ziehe ich nach Köln, weil ich einen Job als Fotografin bei einer Zeitung bekommen habe. Früher habe ich meine Fotos im Internet verkauft und am Wochenende auf Partys fotografiert. Ich musste bei meinem Bruder wohnen, weil ich wenig Geld verdient habe. Jetzt habe ich bald eine eigene Wohnung. Meine Arbeit als Fotografin ist toll, weil sie jeden Tag anders ist: Oft bin ich draußen unterwegs, aber ich arbeite auch viel im Studio oder im Labor. Das war schon immer mein Traumberuf.

1. Sam zieht in zwei Wochen nach Köln, weil sie Fotografie studieren will.

   Sam zieht in zwei Wochen nach Köln, weil sie einen Job als Fotografin bekommen hat.

2. In Köln arbeitet sie als Journalistin und fotografiert auf Partys.

   ______.

3. Sie hat bis jetzt bei ihrem Bruder gewohnt, weil sie keine Arbeit hatte.

   ______.

4. Sam findet ihren Beruf toll, weil sie immer draußen arbeitet.

   ______.

6 Berufe kennenlernen

P

19 🔊 Sieh dir zuerst die Bilder an. Hör dann das Gespräch nur einmal. Was passiert in den Schulräumen? Ordne zu.

1. ☐ Kunstraum 2. ☐ Pausenhof 3. ☐ Küche 4. ☐ Chemieraum 5. ☐ Raum 102

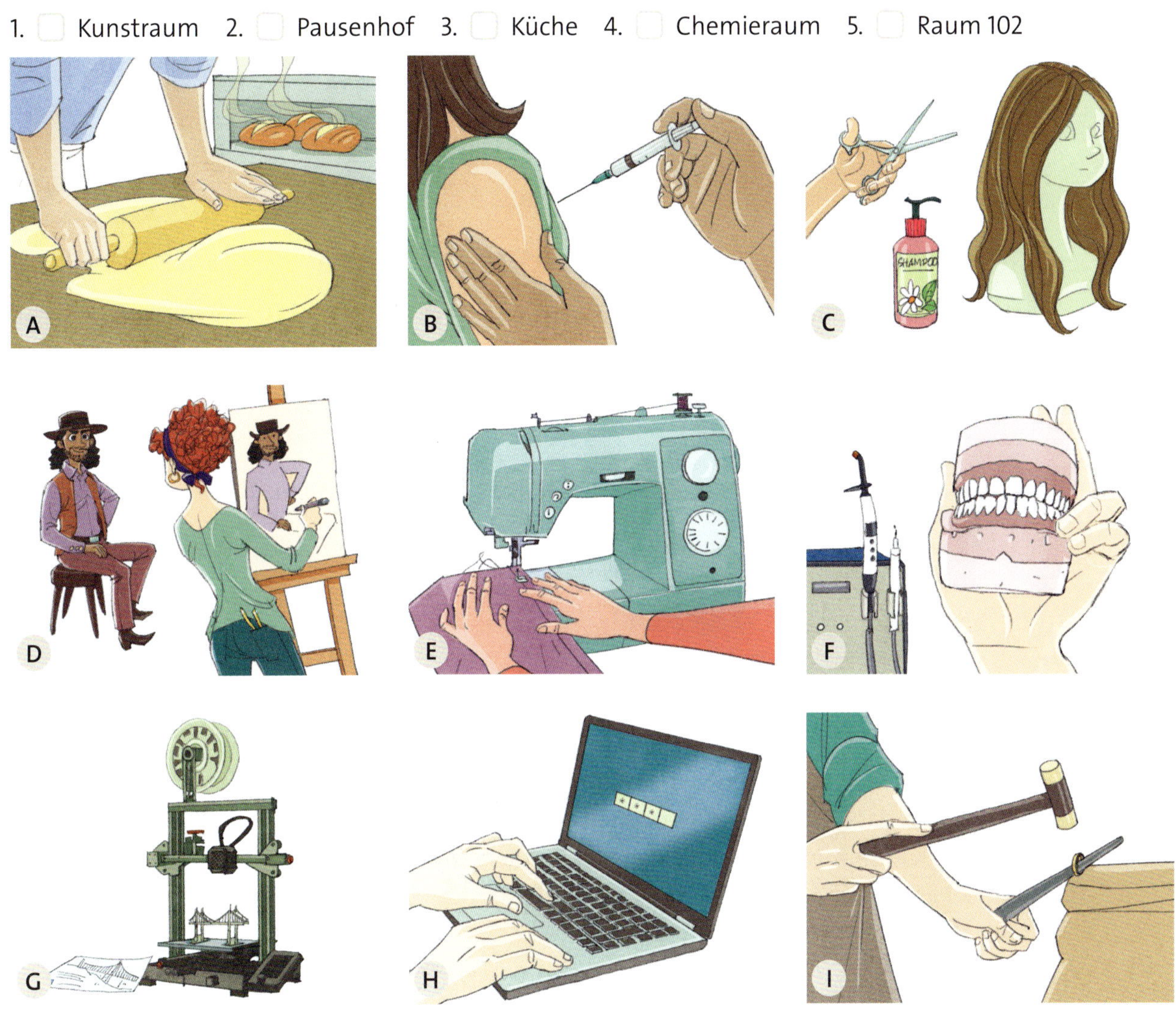

7 Erfahrungsberichte

a Ergänz die Tabelle mit den Formen von *müssen*, *können* und *wollen*.

	müssen		können		wollen	
	Präsens	Präteritum	Präsens	Präteritum	Präsens	Präteritum
ich er/sie/es – man	muss	musste	___	konn___	___	woll___
du	___	musstest	___	konn___	___	woll___
wir – sie/Sie	___	muss___	___	konnten	___	___
ihr	___	muss___	___	konntet	___	___

b Was *musstest*, *konntest* oder *wolltest* du gestern machen? Schreib sechs Sätze in dein Heft.

c Ein Bericht zum *Boy's Day*. Ergänz die Sätze.

Könnt • kann • konnte • konnten • muss • musste • mussten • wollt • wollte • ~~wollten~~

Am Boys' Day *wollten* (1) Marcos und ich die Arbeit in der Stadtbibliothek ausprobieren. Es war wie bei einem richtigen Praktikum. Wir ______ (2) zuerst zu einem Gespräch mit Frau Oliveira kommen: „Warum ______ (3) ihr in einer Bibliothek arbeiten? Lest ihr gerne? ______ (4) ihr gut am Computer arbeiten?“ Wir haben morgens um neun Uhr angefangen und ______ (5) um drei Uhr nach Hause gehen. Ich ______ (6) die Besucher beraten, weil Marcos nicht so viel Kontakt mit den Leuten haben ______ (7). Deshalb *m* ______ (8) er auch mehr Bücher sortieren. Wir haben nicht gewusst, dass man in der Bibliothek so viele Sachen macht. Frau Oliveira ______ (9) die Regale zweimal am Tag kontrollieren und viele E-Mails beantworten, aber sie ______ (10) in einem leisen Raum arbeiten ... und das gefällt mir am meisten.

8 Was willst du werden?

Schreib eine E-Mail über die Aktion *Girls' Day, Boys' Day* an deine Schule. Erzähl: Was ist das? Wer nimmt teil? Warum ist das wichtig oder interessant? Wie kann eine ähnliche Aktion in deiner Schule aussehen? Welche Berufe willst du kennenlernen?

Liebe Frau ... / Lieber Herr ...,
kennen Sie schon die Aktion Girls' Day, Boys' Day? Da können Schülerinnen und Schüler ...
In unserer Schule können wir ...

9 Im Sportverein

20 **a Wie sieht Finns Trainingsplan aus? Hör Tanja und Finn zu und verbinde.**

1. 4 Kilometer — a) schwimmen
2. alle 20 Minuten — b) ins Bett gehen
3. 100-mal — c) joggen
4. eine Stunde — d) schlafen
5. 500 Meter — e) Yoga machen
6. alle 2 Stunden — f) Seilspringen
7. um 21 Uhr — g) Wasser trinken
8. 9 bis 10 Stunden — h) eine Essenspause machen

(Beispiel: 1 – c)

21 **b Hör den Dialog auf dem Skateboard-Contest und ergänz die Sätze.**

optimistisch • besorgt • nervös • pessimistisch

1. Finns Vater ist ______, weil Finn zu entspannt aussieht.
2. Finn hat viel trainiert, aber er ist ______.
3. Tanja ist ______ und glaubt, dass Finn eine gute Position schafft.
4. Finns Mutter ist ______: Sie will nicht, dass Finn frustriert ist.

Vielleicht ein Job für dich?

Magst du Hunde? Gehst du gerne spazieren und bist du zuverlässig?

Hundesitterin oder Hundesitter gesucht

Unser Bello ist lieb und verspielt. Leider ist er viel allein und langweilt sich, denn wir arbeiten sehr viel und können uns nicht genug um ihn kümmern, wir haben zu wenig Zeit.
Hast du Lust, nachmittags mit ihm zu spielen und spazieren zu gehen? Du kannst auch einen anderen Hund mitbringen. Er mag andere Hunde, wenn sie nicht aggressiv sind. Bello braucht dich von Montag bis Freitag, zwischen 15 und 17 Uhr. Vielleicht ist es auch möglich, dass Bello manchmal am Wochenende zu dir kommt? Wir können ihn nicht gut mitnehmen, wenn wir wegfahren, weil er nicht gerne im Auto mitfährt.
Du bekommst für jedes Mal 7 €, am Wochenende, wenn er den ganzen Tag bei dir bleibt, 20 €.

Lies die Anzeige und kreuz die richtigen Antworten an.

1. Warum braucht die Familie einen Hundesitter?
   - a) Sie haben nicht genug Zeit.
   - b) Sie gehen nicht gerne spazieren.
   - c) Bello braucht einen anderen Hund.
2. Was muss der Hundesitter machen?
   - a) Er muss einen anderen Hund mitbringen.
   - b) Er muss mit Bello spazieren gehen.
   - c) Er muss vorsichtig sein. Bello ist aggressiv.
3. Wann soll der Hundesitter kommen?
   - a) Am Wochenende von 15 bis 17 Uhr.
   - b) Montags bis freitags, manchmal auch am Wochenende.
   - c) Montags bis freitags den ganzen Tag.
4. Warum nimmt die Familie Bello nicht mit, wenn sie wegfährt?
   - a) Bello fährt nicht gern im Auto mit.
   - b) Bello bleibt gern allein zu Hause.
   - c) Das Auto ist zu klein.
5. Wie viel verdient der Hundesitter?
   - a) 45 Euro pro Woche.
   - b) 7 Euro pro Stunde, samstags und sonntags 20 Euro.
   - c) 7 Euro pro Tag und 20 Euro am Wochenende.

2 Teste dich!

Mach die Übungen. Kontrollier deine Ergebnisse auf Seite 85 und notier die Punkte.

1 Über Pläne, Hoffnungen und Wünsche sprechen

___/8 Punkte

Ergänz die Sätze.

wollen • In zehn Jahren • will • zusammen • hoffen • werden • bestimmt • berühmt

1. Luis __________ auch Architekt werden. Vielleicht studieren wir __________.
2. Monika ist eine tolle Sängerin. __________ ist sie bestimmt __________.
3. Unsere Freunde __________ im Ausland leben. Wir __________, dass wir sie dort besuchen können.
4. Sophie möchte Pilotin __________. Sie lernt dann __________ viele Länder kennen.

2 Über Berufe sprechen

___/4 Punkte

Was passt nicht? Markier.

1. Ein Bäcker: arbeitet draußen • backt Brot • steht früh auf
2. Eine Spieleentwicklerin: arbeitet drinnen • programmiert • trägt eine Uniform
3. Ein Taxifahrer: steht auf der Bühne • muss pünktlich sein • sitzt viel
4. Eine Tierärztin: gibt Medikamente • hilft Tieren • repariert Maschinen

3 Von ersten Berufserfahrungen berichten

___/6 Punkte

Berufserfahrungen von Jugendlichen. Sieh die Fotos an und schreib die Sätze zu Ende.

1
- ● Was habt ihr beim Boys' Day gemacht?
- ■ Wir konnten __________ __________.

2
- ● Hast du Erfahrung mit Fahrrädern?
- ■ Ja, ich __________ __________.

3
- ● Mag dein Bruder Kinder?
- ■ Ja, er hat schon __________ __________.

4 Gefühle äußern

___/4 Punkte

Was passt zusammen? Verbinde die Satzteile.

1. Das Essen war schlecht und teuer. Ich bin total
2. Unser Verein hat nicht gewonnen. Vor dem Spiel waren wir
3. Ihr habt noch eine ganze Stunde für den Test. Also, bleibt
4. Er muss heute gewinnen, aber er hat nicht viel trainiert. Er ist

a) entspannt.
b) besorgt.
c) optimistisch.
d) sauer.

5 Grammatik

___/3 Punkte

Ordne die Wörter und schreib die Sätze in dein Heft.

1. konnte • nicht singen • Er • heute • , • ist • krank • er • weil • .
2. müde • Meine Eltern • sind • , • weil • arbeiten • bis 20 Uhr • mussten • sie • .
3. vermute • Ich • , • am Samstag • dass • spielt • mein Team • .

Punkte insgesamt: __________ /25

22 Seite 16 und 17

das Ausland (*nur Sg.*) ____
studieren, studiert, hat studiert ____
der Mensch, -en ____
verheiratet ____
werden ____
der Verkäufer, – ____
die Verkäuferin, -nen ____
reich ____
der Babysitter, – ____
die Babysitterin, -nen ____
arbeiten, arbeitet, hat gearbeitet ____
der Koch, "-e ____
die Köchin, -nen ____
verdienen, verdient, hat verdient ____
Er verdient bestimmt viel Geld.
der Autor, -en ____
die Autorin, -nen ____
dass ____
der Star, -s ____
hoffen, hofft, hat gehofft ____
berühmt ____
die Welt, -en ____
der Führerschein, -e ____
recht haben ____
Du hast (nicht) recht.
hoffentlich ____

23 Seite 18 und 19

der Journalist, -en ____
die Journalistin, -nen ____
der Krankenpfleger, – ____
die Krankenpflegerin, -nen ____
der Sekretär, -e ____
die Sekretärin, -nen ____
der Zahnarzt, "-e ____
die Zahnärztin, -nen ____
der Friseur, -e ____
die Friseurin, -nen ____
der Kellner, – ____
die Kellnerin, -nen ____
der Bäcker, – ____
die Bäckerin, -nen ____
der Fahrer, – ____
die Fahrerin, -nen ____
erklären, erklärt, hat erklärt ____
organisieren, organisiert, hat organisiert ____
reparieren, repariert, hat repariert ____
drinnen – draußen ____
der Wunsch, "-e ____
weil ____
das Praktikum, Praktika ____
das Studium (*nur Sg.*) ____
die Stelle, -n ____
die Arbeit (*nur Sg.*) ____
der Kollege, -n ____
die Kollegin, -nen ____
die Ausbildung, -en
Ich möchte eine Ausbildung zum Krankenpfleger machen.
hart ____
der Student, -en ____
die Studentin, -nen ____

24 Seite 20 und 21

stattfinden, findet ... statt, hat stattgefunden ____
der Mechaniker, – ____
die Mechanikerin, -nen ____
der Polizist, -en ____
die Polizistin, -nen ____
der Herr, -en ____
der Handwerker, – ____
die Handwerkerin, -nen ____
berichten, berichtet, hat berichtet ____
der Plan, "-e ____
die Universität, -en ____

25 Seite 22 und 23

der Verein, -e ____
die Angst, "-e ____
der Wettbewerb, -e ____
verbessern, verbessert, hat verbessert ____
wehtun, tut ... weh, hat wehgetan ____
plötzlich ____
der Platz, "-e ____

3 Gute Freunde!

1 Das machen Freunde zusammen

Was passt zusammen? Ordne zu.

machen • treffen • kommentieren • machen • lernen • hören • fahren • spielen • machen

1. für eine Klassenarbeit ______________
2. Musik ____________ / ____________
3. Sport ______________
4. Fußball ______________
5. die Hausaufgaben ______________
6. mit dem Fahrrad zur Schule ______________
7. Posts ______________
8. Freunde ______________

2 So habe ich meine Freunde kennengelernt

Lies die Kommentare. Welche Aussage passt? Kreuz an: Ja oder Nein.

primablogspot.de × +

Inese, 14 Jahre: Ich habe zwei Freundinnen, Mirka und Katja. Sie gehen leider in eine andere Schule. Aber wir sind nach der Schule viel zusammen. Ich kenne sie seit einem Jahr. Da bin ich zum ersten Mal zum Fußballverein gegangen. Mirka und Katja waren sehr nett. Ich habe sie dann zu meinem Geburtstag eingeladen. Da haben wir natürlich auch Fußball gespielt. Das macht mit Mirka und Katja viel Spaß! Aber wir machen auch andere Sachen. Wir chillen und manchmal lernen wir auch zusammen. Mirka kann supergut Mathe.

Rosa, 13 Jahre: Meine Freundin Anna kenne ich schon sehr, sehr lange. Wir waren zusammen im Kindergarten, dann sind wir zusammen in die Schule gekommen. Wir wohnen auch in der Nähe und machen fast alles zusammen. Wir sind in der Pause zusammen, wir machen zusammen Hausaufgaben und wir chillen zusammen. Wir mögen beide keinen Sport. Wir hören viel Musik und machen auch zusammen Musik. Anna und ich spielen Klavier. Manchmal spielen wir mit vier Händen.

1.	Inese hat ihre Freundinnen in einem Sportverein kennengelernt.	☐ Ja	☐ Nein
2.	Inese, Mirka und Katja gehen in die gleiche Schule.	☐ Ja	☐ Nein
3.	Rosa hat ihre Freundin in der Schule kennengelernt.	☐ Ja	☐ Nein
4.	Rosa und ihre Freundin mögen Musik.	☐ Ja	☐ Nein

3 Ist Jana langweilig?

26 **Diktat. Hör zu und ergänz die Sätze.**

Pete hat ____________ ____________ in einem anderen ____________. Der Freund ____________ Marco. Pete hat Marco noch nie ____________. Er ____________ ihn nur von Fotos und Videos. ____________ sie chatten viel. Pete ____________ Marco von seinem Hund. Marco ____________ auch Hunde, aber er ____________ keinen Hund. Pete ____________ lustige Videos von seinem Hund und Marco ____________ lustige Kommentare.

4 Weil ich dich brauche

a Personalpronomen im Nominativ, Akkusativ und Dativ. Ergänz die Tabelle.

Tipp

Pronomen immer mit Beispielsätzen lernen:
Ich kenne ihn noch nicht lange.
Ich helfe dir und du hilfst mir.

Nominativ	Akkusativ Ich kenne ...	Dativ Ich helfe ...
ich	*mich*	______
______	______	*dir*
er	______	______
______	*sie*	______
______	______	*ihm*
wir	______	______
______	______	*euch*
______	*sie/Sie*	______

b Ergänz die Verben *helfen*, *geben*, *zeigen* und die Pronomen im Dativ.

1

- *Hilfst* ______ du ______ in Englisch?
- Okay. Kannst du ______ Physik erklären?

2

- Nivia hat ihr Mathebuch nicht dabei. ______ du ______ dein Buch?
- Ich ______ ______ gern in Mathe, aber ihr Buch muss sie mitbringen!

3

- Ich verstehe die App nicht. Kannst du ______ ______, Rada?
- Klar, Mama, ich ______ es ______. Also, hier kannst du die App öffnen und dann ...

4

- Annas Handy ist kaputt. Kannst du ______ dein Handy ______?
- Warum? Sie ______ ______ ihr Handy auch nie.

c **Wen brauchst du sehr? Schreib einen kurzen Text über dich wie im Beispiel.**

Ich brauche meinen Vogel sehr. Hansi hört mir immer zu. Ich glaube, dass er mich versteht. Er ist fast nie böse. Wir haben viel Spaß zusammen, weil er so lustig singt. Mit Hansi kann ich fröhlich sein. Ohne Hansi bin ich traurig und allein.

d **Phonetik: *h* – Welche Wörter hörst du? Kreuz an.**

27

1. ☐ hier ☐ ihr
2. ☐ hin ☐ in
3. ☐ her ☐ er
4. ☐ heiß ☐ Eis
5. ☐ Hund ☐ und
6. ☐ Haus ☐ aus
7. ☐ Handy ☐ Andy
8. ☐ haben ☐ Abend

HANDY

5 Ich brauche deine Hilfe

28

a **Verstärkungswörter: Hör zu. Ergänz die Sätze und sprich nach.**

1. Das ist total ______________________.
2. Die Mathearbeit war sehr ______________________.
3. Ich finde, die Hausaufgaben waren wirklich ______________________.
4. Ich will das unbedingt ______________________.
5. Tut mir leid. Ich habe heute überhaupt ______________________.

b **Bilde Sätze und schreib sie in dein Heft.**

Jana | Toni | Till und Timo | ich

erklären | geben | zeigen

der Freundin | mir | dem Freund | den Freunden

Fotos aus dem Urlaub. | die Grammatik. | den Stift. | die Hausaufgaben.

Jana erklärt den Freunden die Grammatik.

c **Markier in deinen Sätzen aus b den Dativ mit ◯ und den Akkusativ mit ▭.**

Jana erklärt (den Freunden) [die Grammatik].

P d **Hör ein Interview. Kreuz an: Ja oder Nein. Hör das Interview zweimal.**

29

1. Anna sieht ihre Freundinnen jeden Tag. ☐ Ja ☐ Nein
2. Anna und Rita machen viel zusammen. ☐ Ja ☐ Nein
3. Anna kennt Rita schon viele Jahre. ☐ Ja ☐ Nein
4. Anna hat Rita geholfen. ☐ Ja ☐ Nein
5. Sie machen auch zusammen Sport. ☐ Ja ☐ Nein

e **Mio wohnt in Chicago und Samira in Köln. Letzte Woche haben beide Tests geschrieben. Mio in Spanisch und Samira in Mathe. Ergänz die Nachrichten.**

dir • leicht • helfen • verstehe • ~~wirklich~~ • kann • in • unbedingt • gut in • tut • bestimmt • so gut

Hi Mio, wie war dein Spanischtest? 15:22

Oh, Samira, der war *wirklich* (1) schwer. Ich bin einfach nicht _______________ (2) Spanisch. 😭 Ich _______________ (3) die Grammatik nicht. 15:23

Oh, Mist. Das _______________ (4) mir leid. 🙁
Meine Mathearbeit war _______________ (5). 15:24

Du Glückliche! Ich habe _______________ (6) ein D oder F (= richtig schlecht). Das nächste Mal muss ich _______________ (7) ein C+ schreiben. Kannst du mir _______________ (8), Samira? 15:25

Ich? Ich bin doch auch nicht _______________ (9) in Spanisch, aber ich _______________ (10) es versuchen. Wir sehen uns mit Video, o.k.? 15:28

Danke. Ich helfe _______________ (11) dann mal _______________ (12) Sport. 😜 15:30

😂 15:31

6 Wie ist eine gute Freundin, ein guter Freund?

a **Lies die Sätze. Welches Adjektiv passt nicht? Streiche es durch.**

1. Ich mag mein Zimmer. Es ist groß und ich finde es sehr gemütlich • sonnig • stark • ruhig.
2. Meine Oma ist schon 75. Aber sie ist noch sehr langweilig • sportlich • kreativ • fit.
3. Meine beste Freundin ist sehr ehrlich • intelligent • zuverlässig • lang.
4. Ich habe eine Katze. Sie ist sehr klein • einfach • lustig • vorsichtig.

b **Wie sollen deine Freunde sein? Was findest du wichtig? Schreib Sätze wie im Beispiel in dein Heft.**

Ich finde es wichtig, dass meine Freundin tolerant ist.

7 Er ist älter, aber ich bin größer

a **Mit Umlaut oder ohne? Ergänz den Umlaut, wo du ihn hörst.**

30

1. alter	3. junger	5. dummer	7. großer
2. normaler	4. vorsichtiger	6. sportlicher	8. lustiger

ä ü ö

b **Ergänz die unregelmäßigen Formen.**

1. gut _______________ 2. gern _______________ 3. viel _______________

8 Gleich und nicht gleich

a Welche Sätze passen zusammen? Verbinde die Satzteile.

1. Jana ist genauso	a) als Englisch.
2. Jana und Celine sind	b) als Timo.
3. Celine findet Kunst	c) alt wie Celine.
4. Till ist älter	d) besser als Musik.
5. Mahmood ist nicht	e) gleich alt.
6. Mathe ist interessanter	f) so nervös wie Timo.

b Sieh dir die Steckbriefe an und schreib Vergleiche wie im Beispiel in dein Heft.

9 Paula

Ergänz die Sätze.

Deshalb • glücklich • Klasse • Komplimente • lädt ... ein • Tag • Zettel

Paula kommt in eine neue ______________ (1). Sie kennt die Schüler und Schülerinnen noch nicht. ______________ (2) hat sie Angst. Aber am ersten ______________ (3) geht alles gut. Der Lehrer ist sehr nett und ein Schüler ______________ sie zur Schülerband ______________ (4). Am Ende vom Unterricht geben alle Schüler und Schülerinnen Paula einen ______________ (5). Das ist die „warme Dusche". Paula liest viele nette ______________ (6) auf den Zetteln. Sie ist ______________ (7).

10 Zur Freundschaft gehören Komplimente

a Welche Sätze passen zusammen? Ordne zu.

1. Danke, dass du mir das Handy gegeben hast.	☐ a) Du bist so braun.
2. Wie lange lernst du schon Gitarre?	☐ b) Du verstehst das alles so schnell.
3. Deine Haare sind super.	☐ c) Das war wirklich nett von dir.
4. Danke, dass du mir Mathe erklärst.	☐ d) Ich finde, dass du ganz toll spielst.
5. Warst du in den Ferien im Süden?	☐ e) Kannst du mir deinen Friseur sagen?

b Hör die Komplimente und achte auf die Betonung. Sprich nach.

31

Freundschaft

Es gibt viele Freundschaftssprüche in allen Sprachen der Welt. Du kannst die Freundschaftssprüche lesen und darüber nachdenken oder du kannst sie Freundinnen und Freunden schenken.

1 ☐ Freundschaft ist wie eine Brücke. Sie verbindet uns und trägt uns über schwere Zeiten hinweg.

A

5 ☐ *Freunde sind wie Blumen im Garten. Sie bringen Farbe, Duft und Freude in unser Leben.*

B

2 ☐ Freunde sind wie Sterne. Man kann sie nicht immer sehen, aber man weiß, dass sie immer da sind.

C

D

6 ☐ Freundschaft ist eine Sprache, die man ohne Worte verstehen kann.

3 ☐ Freundschaft ist wie ein Buch, das man Seite für Seite gemeinsam schreibt.

E

F

4 ☐ Freunde sind wie die Sonnenstrahlen an einem dunklen Tag, sie machen unser Leben hell.

G

7 ☐ Mit einem Freund oder einer Freundin an deiner Seite ist jeder Weg leichter.

a Lies die Freundschaftssprüche. Zu welchen Sprüchen passen die Fotos? Ordne zu.

b Welchen Spruch findest du am besten? Wähl einen Freundschaftsspruch aus und lern ihn auswendig.

c Kannst du weitere Sprüche zum Thema „Freundschaft“ schreiben? Such ein passendes Foto und schreib deinen Spruch in schöner Schrift zu dem Foto.

d Übersetz einen Freundschaftsspruch aus deiner Sprache ins Deutsche.

3 Teste dich!

Mach die Übungen. Kontrollier deine Ergebnisse auf den Seiten 85 und 86 und notier die Punkte.

1 Eine Geschichte erzählen

___/5 Punkte

Ordne die Geschichte.

- a) Aber ihre Mutter ist nicht böse.
- b) Dann schreibst du beim nächsten Mal bestimmt eine bessere Note.
- c) Dein Bruder kann dir beim Lernen helfen.
- d) Sie ist traurig, weil sie eine schlechte Note in Englisch geschrieben hat.
- e) Sie tröstet Tina: Das ist nicht so schlimm.
- 1 f) Tina kommt von der Schule nach Hause.

2 Um Hilfe bitten und Hilfe anbieten

___/8 Punkte

Ergänz *helfen* und die Pronomen im Dativ.

- Till, kannst du mir (1) helfen (2)?
- Klar h ___ (3) ich ___ (4). Was ist das Problem?
- Timo und ich verstehen die Physikaufgaben nicht. H ___ (5) du ___ (6)?
- Ich h ___ (7) ___ (8) gern. Dann müsst ihr ___ (9) aber morgen in Geschichte h ___ (10).

3 Eigenschaften benennen und vergleichen

___/4 Punkte

Was findest du bei deiner Freundin / deinem Freund wichtig?
Was findest du nicht so wichtig? Ergänz die Sätze.

1. Ich finde wichtig, dass ___.
2. Ich finde nicht so wichtig, dass ___.

4 Komplimente machen

___/4 Punkte

Welche Sätze gehören zusammen? Ordne zu.

1. Dein T-Shirt sieht super aus.
2. Du kannst ja super Deutsch.
3. Du siehst toll aus.
4. Du verstehst Mathe schneller als ich.

- a) Danke, dass du mir hilfst.
- b) Wohin gehst du zum Friseur?
- c) Ist das neu?
- d) Hast du einen Sprachkurs gemacht?

5 Grammatik

Schreib Vergleiche mit den Adjektiven in Klammern.

___/4 Punkte

genauso ... wie • nicht so ... wie • als

1. Meine Freundin ist (groß) ___ ich.
2. Er ist (sportlich) ___ ich.
3. Ich mag Musik (gern) ___ Sport.
4. Ich finde Deutsch (interessant) ___ Mathe.

Punkte insgesamt: ___/25

32 **Seite 26 und 27**

der Freund, -e
mein/der beste Freund
die Freundin, -nen
meine/die beste Freundin
zusammen
Ich bin viel mit meiner Freundin zusammen.
kennen, kennt,
hat gekannt
reden, redet, hat geredet

33 **Seite 28 und 29**

helfen, hilft, hat geholfen
Kannst du mir helfen?
da sein
für jemanden da sein
verlieren, verliert,
hat verloren
eine Freundin verlieren
gut in ... sein
verstehen, versteht,
hat verstanden
unbedingt
Ich muss unbedingt eine Drei schreiben.
brauchen, braucht,
hat gebraucht
die Hilfe, -n
alles
Du musst mir alles erklären.
überhaupt nichts
Ich verstehe überhaupt nichts.
meinen, meint,
hat gemeint
Wie meinst du das?
zeigen, zeigt, hat gezeigt
das Problem, -e
Zeig mir das Problem!
geben, gibt, hat gegeben
der Tipp, -s
Kannst du mir einen Tipp geben?

34 **Seite 30 und 31**

zuverlässig
sportlich
tolerant
pünktlich
ehrlich
ruhig
jung
fleißig
schwach
nervös
traurig
intelligent
kreativ
alt
sympathisch
vorsichtig
romantisch
dumm
faul
stark
nett
wichtig
ein bisschen
als
Jule ist größer als Tim.
genauso ... wie
wie
gleich
nicht so ... wie

35 **Seite 32 und 33**

zuhören, hört ... zu,
hat zugehört
schön
schöne Ferien
öffnen, öffnet,
hat geöffnet
aussehen, sieht ... aus,
hat ausgesehen
Du siehst heute super aus.

Tipp

Lern die Verben immer zusammen mit einem Satz. Dann kannst du dir den Akkusativ und den Dativ besser merken:
Ich gebe (dir) [einen Tipp].

Fakten & Kurioses

1 Musikstars in Deutschland, Österreich und der Schweiz

a Lies die Steckbriefe der Sängerinnen und Sänger und ordne sie auf der Karte zu wie im Beispiel. Die letzte Seite im Kursbuch hilft.

b Ergänz die Steckbriefe von Mark Forster und Namika (Seite 39 im Kursbuch) und ordne sie auf der Karte zu.

MARK FORSTER

geboren: ______

Bekannte Songs: „Drei Uhr Nachts", ______

______

Sonstiges: ______

______

______

NAMIKA

geboren: ______

Bekannte Songs: „Liebe ist...", ______

______

Sonstiges: ______

______

______

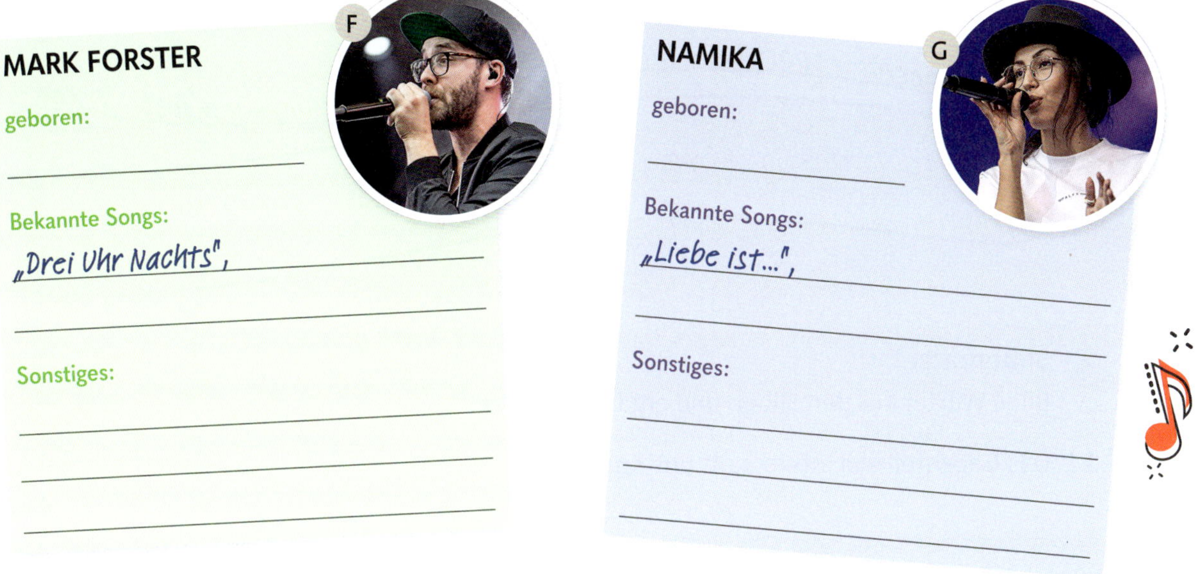

c Kennst du andere Sängerinnen, Sänger oder Bands aus Deutschland, Österreich und der Schweiz? Recherchier im Internet und ergänz die drei Steckbriefe. Ordne sie auf der Karte zu.

______

geboren: ______

Bekannte Songs: ______

______

Sonstiges: ______

______

______

______

geboren: ______

Bekannte Songs: ______

______

Sonstiges: ______

______

______

______

geboren: ______

Bekannte Songs: ______

______

Sonstiges: ______

______

______

1 Wörterschlangen

Schreib Wörter wie im Beispiel. Das zweite Wort beginnt mit dem letzten Buchstaben vom ersten Wort und dann immer so weiter. Wie lang wird deine Schlange in fünf Minuten?

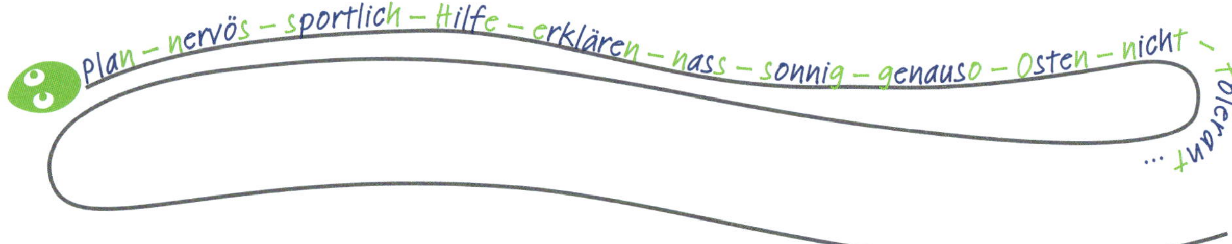

2 Silbenrätsel

Bilde Wörter aus den Silben und ergänz die Sätze.

wei – er – nen – Aus – rer – pünkt – rie – ren – ver – lig – bil – lich – ste – lang – klä – re – die – pa – schein – ren – dung – hen – auf – Füh

1. Das Gegenteil von interessant und spannend: ________ ________ ________.
2. Wenn man etwas Geld ________ ________ ________ möchte, kann man als Babysitter arbeiten.
3. Wenn man als Krankenpfleger arbeiten möchte, muss man erst eine ________ ________ ________ machen. Sie dauert ungefähr drei Jahre.
4. Ich verstehe die Aufgabe nicht. Kannst du sie mir ________ ________ ________?
5. Mein Fahrrad ist kaputt. Gut, dass ich es selbst ________ ________ ________ ________ kann.
6. Sie kommt nie zu spät, sie ist immer ________ ________.
7. In den Ferien schlafe ich gerne lang. Ich möchte nicht früh ________ ________ ________.
8. Wenn man einen ________ ________ ________ hat, darf man Auto fahren.

3 Wetter

Welche Sätze passen zu welchem Foto? Ordne zu. Manchmal gibt es mehrere Möglichkeiten.

1. ☐☐ Der Himmel ist blau und die Sonne scheint.
2. ☐☐ Heute bleibt es bestimmt trocken.
3. ☐☐ Vielleicht kommt auch ein Gewitter, die Wolken sind so dunkel.
4. ☐☐ Heute können wir kein Picknick machen.

5. ☐☐ Es ist warm und sonnig. Wollen wir zum See fahren und schwimmen gehen?
6. ☐☐ Ich glaube, wir brauchen eine Regenjacke.
7. ☐☐ Es ist so kalt. Wir brauchen warme Kleidung.
8. ☐☐ Es hat geschneit! Wollen wir Ski fahren?

4 Eine besondere Freundschaft: Albrecht Dürer und Franz Knigstein

a Lies die Textteile und ordne sie von 1 bis 5.

Es gibt eine schöne Geschichte über Albrecht Dürer und seinen Freund Franz Knigstein. Ist die Geschichte wahr? Das weiß man nicht genau. Aber die Geschichte ist sehr schön.

Albrecht Dürer ist aus Nürnberg. Er hat von 1471 bis 1528 gelebt. Er war Maler, Grafiker und Mathematiker. Er ist auf der ganzen Welt berühmt.

☐ **A** Jetzt konnte Franz weiterstudieren. Aber weil er zwei Jahre lang sehr hart mit den Händen arbeiten musste, waren seine Finger kaputt und er konnte kein großer Maler mehr werden.

☐ **C** Im Jahr 1490 hatten die Freunde Albrecht Dürer und Franz Knigstein große Pläne: Sie wollten Kunst studieren und Maler werden.

☐ **B** Weil sie kein Geld hatten, mussten sie arbeiten und hatten nicht viel Zeit für das Studium. Da hatten sie eine Idee: Der eine musste für beide arbeiten. Der andere konnte studieren und musste später seinem Freund Geld für das Studium geben. Sie haben zwei Zettel mit ihren Namen geschrieben und einen Zettel gezogen.

☐ **D** Franz war wirklich ein sehr guter Freund. Er hat sich immer für Albrecht gefreut. Dürer hat die Hände von Franz gesehen und hat sie gemalt, weil er ihm danken wollte. „Die betenden Hände" sind ein sehr bekanntes Kunstwerk von Albrecht Dürer und bis heute ein Symbol für die Freundschaft.

☐ **E** Albrecht Dürer hatte Glück und konnte mit dem Studium beginnen. Er war in Italien und hat bei den großen Malern gelernt. Nach zwei Jahren war er mit dem Studium fertig und auch schon selbst berühmt.

b Dürer oder Knigstein? Lies den Text noch einmal und kreuz an.

1. Wer war als Maler berühmt? ☐ a) Dürer ☐ b) Knigstein
2. Wer hat in Italien studiert? ☐ a) Dürer ☐ b) Knigstein
3. Wer hat sehr viel gearbeitet? ☐ a) Dürer ☐ b) Knigstein
4. Wer hatte Probleme mit den Fingern? ☐ a) Dürer ☐ b) Knigstein
5. Wer hat die Hände von seinem Freund gemalt? ☐ a) Dürer ☐ b) Knigstein

4 Bist du online?

1 Medien

Was sagen die Leute auf den Fotos? Ordne zu.

A

B

C

D

E

F

1. ☐ Das Konzert hat noch nicht angefangen, aber die Bühne sieht ganz toll aus.
2. ☐ Du machst den Beat hier einfach schneller. Dann tanzen alle wie verrückt.
3. ☐ Wie viele Haltestellen sind es? Hoffentlich kommen wir nicht zu spät.
4. ☐ Versuch es mal von der anderen Seite. Dann kann man meine Hände besser sehen.
5. ☐ Wir sind bereit für den Start! Schaut alle mal nach oben!
6. ☐ Wie sollen wir die Zwiebeln schneiden? Kann man das im Video sehen?

2 Unsere Apps

36 **a Julian will eine neue App entwickeln, aber seine Ideen sind nicht ganz neu. Hör den Dialog und schreib auf: Was für Apps sind das?**

1. ______________ 2. ______________ 3. ______________

b Sieh dir die Apps an. Welche kennst du? Was kann man in diesen Apps machen? Schreib Sätze wie im Beispiel in dein Heft.

Mit Snapchat kann man Fotos und Videos für seine Follower machen.

c Was hörst du? Kreuz an: a oder b. Hör noch einmal und sprich nach.

37
1. ☐ a) Mein Post hat schon 50 Likes.
   ☐ b) Mein Foto hat schon 50 Likes.
2. ☐ a) Wie oft nutzt du deine Streaming-App?
   ☐ b) Wie oft nutzt du deine Spiele-App?
3. ☐ a) Siehst du gerne Fußballspiele?
   ☐ b) Streamst du gerne Fußballspiele?
4. ☐ a) Wie heißt deine Messenger-App?
   ☐ b) Wie heißt deine Musik-App?

3 Klassenstatistik

38 **a Hör zuerst den Dialog. Ergänz dann die Sätze.**

aktivieren • aufladen • aufnehmen • benutzen • ~~fragen~~ • löschen • machen • schreiben • speichern

1. Aylin und Kira haben zusammen 20 Personen *gefragt*.
2. Alle in ihrer Klasse ______ Fotos mit dem Handy.
3. Die meisten ______ eine Streaming-App zum Musikhören.
4. Viele ______ Videos mit dem Handy ______.
5. Manche ______ gerne Nachrichten, andere mögen Audionachrichten.
6. Nicht alle Fotos ______ die Mädchen im Handy. Viele müssen sie ______.
7. Weil Kira ein Ladekabel hat, kann Aylin ihr Handy ______.
8. Kiras Handy klingelt, weil sie den Flugmodus nicht ______ hat.

b Sieh dir die Grafik zu einer Klassenstatistik an und kreuz an: Ja oder Nein.

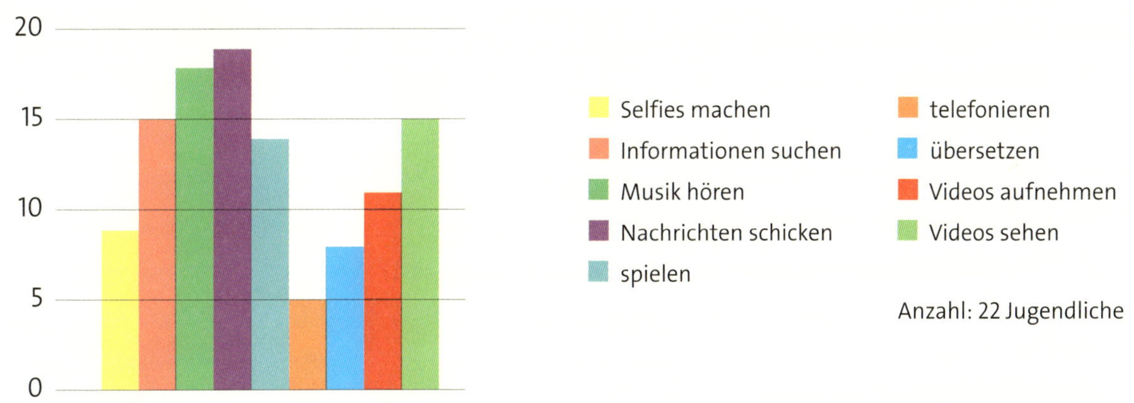

1. In der Klasse 7 C spielen fast alle jeden Tag am Handy. ☐ Ja ☐ Nein
2. Sehr viele Schülerinnen und Schüler machen täglich Selfies. ☐ Ja ☐ Nein
3. Nur wenige rufen andere Leute an. ☐ Ja ☐ Nein
4. Die meisten benutzen eine Messenger-App. ☐ Ja ☐ Nein
5. Manche sehen Videos online, aber niemand nimmt Videos auf. ☐ Ja ☐ Nein

c Verbinde die Wörter und schreib Fragen wie im Beispiel in dein Heft.

Wie viele • Wie oft • Wie lange • Wann • Mit wem • machst du • schreibst du • telefonierst du • hörst du • nimmst du ... auf • schaust du • Nachrichten • Musik • Selfies • Videos • täglich • pro Tag • am meisten • am liebsten

Wie viele Nachrichten schreibst du pro Tag?

Mit wem telefonierst du am meisten?

4 Bilder und Töne

a Was ist das? Kreuz an.

1
- a) der USB-Stick
- b) die Cloud

2
- a) das Handy
- b) der Fotoapparat

3
- a) der Drucker
- b) die Schreibmaschine

4
- a) die Zeitschrift
- b) die Homepage

b Ordne die Sätze mit *wenn* und markier das Verb am Ende vom Nebensatz. Schreib die Sätze in dein Heft.

1. Du musst das Kabel nicht mitnehmen, wenn du deinen Akku jetzt auflädst.

1. Du musst das Kabel nicht mitnehmen, wenn • deinen Akku • auflädst • jetzt • du • .
2. Viele Leute benutzen eine Cloud, wenn • wollen • sie • speichern • etwas • .
3. Ihr könnt das Handy als Wecker benutzen, wenn • müsst • aufstehen • ihr • früh • .
4. Wenn • das Mikrofon • ausmachst • du • , können wir dich nicht hören.
5. Wenn • am Bahnhof • ankommen • wir • , schicken wir euch eine Nachricht.

c Schreib Antworten mit *wenn*.

1. Wann trägst du einen Kopfhörer? Wenn ______
2. Wann benutzt du die Navi-App? ______
3. Wann rufst du jemanden an? ______

5 Schulaktion

39 **a Hör das Interview mit Aylin und René. Welches Bild passt?**

A

B

C

39 **b Lies die Fragen und hör das Interview noch einmal. Schreib die Antworten in dein Heft.**

1. Wo haben sich die vier Freunde zuerst getroffen?
2. Warum sind andere Jugendliche zu den vier Freunden gekommen?
3. Was hat das Jugendzentrum den vier Freunden gegeben?
4. Warum brauchen die Jugendlichen mehr Platz?

6 Copy & Paste

40 **a Zehra geht in jetzt in die Mittelschule. Was ist anders als in der Grundschule? Über welche Unterschiede spricht sie? Kreuz an.**

1. Unterrichtsstunden
2. Hausaufgaben
3. Pünktlichkeit
4. Handy
5. Regeln auf dem Schulhof
6. Regeln im Klassenraum

b Welche Alternative passt besser? Kreuz an.

1. In der Grundschule ☐ a) durfte ☐ b) musste Zehra morgens nicht so früh aufstehen.
2. Zehra ☐ a) muss ☐ b) darf in der neuen Schule jeden Tag pünktlich sein.
3. Zehra durfte das Handy in der Grundschule ☐ a) zum Lernen benutzen. ☐ b) nicht benutzen.
4. Früher ☐ a) dürfen ☐ b) durften Zehra und ihre Mitschüler im Unterricht aufstehen und sich bewegen.

P **c Was ist anders? Schau auf die Karte und erzähl von dir. Mach ein Audio mit deinem Handy.**

40 **d Hör Zehra noch einmal und vergleich mit deiner Aufnahme. Was musst du mehr üben? Kreuz an.**

a) ☐ langsam und klar sprechen
b) ☐ ä, ö und ü richtig aussprechen
c) ☐ mehr Sätze mit *weil*, *dass* und *wenn* machen
d) ☐ mehr *können*, *dürfen* und *müssen* benutzen.

7 Netiquette

Lies das Gruppenprofil. Was steht im Text? Kreuz an: a oder b.

Willkommen in unserer Gruppe!
Schön, dass du da bist und mit uns über Spiele sprechen möchtest. Wir wollen, dass es allen in der Gruppe gut geht. Deshalb haben wir einige Regeln:
1. Wir sind immer nett, wenn wir mit anderen aus der Gruppe chatten.
2. Keine Spoiler verbreiten: Wir dürfen nicht zu viel über ein Spiel erzählen, wenn andere es noch nicht gespielt haben.
3. Wir wollen hier über Computerspiele sprechen. Schreib bitte nicht über andere Themen.
4. Wir leiten keine Informationen über andere Personen weiter.

Wenn du Probleme hast, kannst du eine Nachricht an *@kika99* oder *@gabs7* schicken.
Viel Spaß beim Gespräch über Computerspiele!

1. Die Gruppe ist für ...
   ☐ a) Fans von Computerspielen.
   ☐ b) Spiele-Entwickler.
2. Bitte nur über ein Spiel erzählen, wenn ...
   ☐ a) es alle gut kennen.
   ☐ b) du es gut kennst.
3. In der Gruppe darfst du ...
   ☐ a) andere Leute beleidigen.
   ☐ b) nur über Spiele sprechen.
4. *@kika99x* und *@gabs7* ...
   ☐ a) sind neu in der Gruppe.
   ☐ b) helfen bei Problemen.

8 Perfekte Snaps

a Vanessa macht ein Interview mit Farid. Welche Frage passt zu welcher Antwort? Ordne zu.

Vanessas Fragen:

1. Was machst du in den sozialen Medien?
2. Ist der Podcast Arbeit oder Spaß?
3. Wie viele Stunden pro Woche bist du online?
4. Habt ihr viele Fans?
5. Haben soziale Medien auch negative Seiten?
6. Was postest du am liebsten?

Farids Antworten:

a) Der Podcast macht schon viel Arbeit, aber er ist auch mein Hobby. Ich mache ihn Podcast nicht für Geld. Ich mache ihn, weil ich Spaß habe.

b) José und ich haben viele Follower. Die letzte Folge haben wir vor drei Tagen hochgeladen und mehr als 700 Menschen haben sie schon gehört. Einige sind vielleicht unsere Fans, ich weiß es nicht. Ich bin kein Rockstar oder so.

c) Spiegelselfies und Katzenvideos ... Nein, das ist nicht wahr. Ich poste sehr wenig. Meistens nur Fotos mit meinem Basketballteam und Bilder zum Podcast.

d) Meistens sehe ich Sportvideos und suche neue Themen für unseren Podcast. Außerdem will ich den Podcast bekannter machen. Deshalb beantworte ich die Kommentare unter unseren Posts.

e) Natürlich, wenn man nur in den sozialen Medien Kontakt mit anderen Menschen hat, finde ich das schlecht. Da muss man aufpassen. Man darf auch nicht glauben, dass die Menschen so leben, wie auf ihren Instagram-Fotos.

f) Das weiß ich nicht genau, aber nicht so viele Stunden, wenn ich mit meinen Freunden vergleiche. Vielleicht zwischen vier und fünf Stunden pro Woche.

41 **b Hör das Interview zur Kontrolle.**

9 Bei Farid

a Lies die Nachrichten. Was sollen Farid und José alles machen? Schreib Sätze in dein Heft.

Farid soll ...
José soll ...
Beide sollen ...

Günaydın, Farid! ❤️ Bitte nicht vergessen:
✅ Hausaufgaben machen
✅ Tablet aufladen und Schulsachen einpacken
✅ Zimmer aufräumen und ... einen tollen Film für heute Abend suchen! Mama

Hola José, heute Nachmittag bin ich unterwegs. Deshalb hol bitte Carla vom Kindergarten ab. Danach räum dein Zimmer auf und mach Hausaufgaben. Und nicht vergessen: Morgen hast du den Mathetest. Üben, üben, üben ... Papá

b Was sind deine Aufgaben zu Hause? Was sollst du heute alles tun?

10 Bei Vanessa

a Was passt nicht? Streich durch.

1. Lügen verbreiten • Angst machen • ~~copy & paste~~ • andere beleidigen
2. die Audionachricht • das Mikrofon • der Podcast • der Drucker
3. immer online sein • sofort antworten • viele Informationen bekommen • Apps programmieren
4. der Anrufbeantworter • das Like • der Post • der Kommentar

b Ordne die Wörter in a den Themen zu.

a) Medien im Alltag b) Cybermobbing c) soziale Netzwerke d) digitaler Stress

Sprachen lernen mal anders

Deutsch lernen mit Filmen und Serien

Wenn man Filme und Serien aus dem Ausland sieht, muss man die Sprache der Schauspielerinnen und Schauspieler meistens nicht verstehen. In vielen Ländern sprechen die Hollywood-Stars im Fernsehen oder im Kino kein Englisch: Sie sprechen Deutsch in Deutschland, Spanisch in Spanien und Italienisch in Italien. Dann ist der Film synchronisiert. Synchronisieren bedeutet, dass Synchronsprecherinnen oder Synchronsprecher die Stimmen der Stars auf zum Beispiel Deutsch sprechen. Das macht man in einem Tonstudio. Wenn man also in Deutschland die US-amerikanische Schauspielerin Zendaya Coleman im Kino sieht, hört man deshalb auch nicht ihre Stimme. Meistens ist es dann die Stimme von Marcia von Rebay, die deutsche Synchronsprecherin von Zendaya Coleman. Und wenn der britische Schauspieler Robert Pattinson als Batman Deutsch spricht, dann hört man die Stimme von Johannes Raspe.
Manchmal kann man Filme und Serien aber auch mit Untertiteln sehen, das bedeutet, man hört den Originalton. Dann sprechen Batman, Supergirl und Spiderman Englisch. Die Übersetzung kann man dann ganz unten im Bild lesen. Viele Menschen mögen Untertitel, weil man die Originalstimmen der Schauspielerinnen und Schauspieler hören kann. Untertitelung geht außerdem schneller und einfacher als Synchronisation. Oft machen das sogar die Fans selbst auf eigenen Streamingplattformen. Deborah M. aus Rio de Janeiro lernt seit drei Jahren Koreanisch, weil sie Musik und Serien aus Korea mag. Ihr Hobby beschreibt sie so: „Weil es nicht immer eine Übersetzung für die neusten Serien aus Korea gibt, schreibe ich die Untertitel auf Portugiesisch. So können auch andere Fans aus Brasilien die Serien sehen, auch wenn sie kein Koreanisch verstehen."
Aber Untertitel haben manchmal auch Nachteile. Wenn man nicht so schnell liest, kann man wichtige Momente im Film manchmal nicht sehen. Auch für Sehbehinderte sind Untertitel keine Hilfe. Zum Glück kann man in den Streaming-Apps auswählen, welche Sprache (auch für Sehbehinderte) oder Untertitel man sehen möchte. Das macht das Sprachenlernen leichter.

a **Was machen die Personen? Lies den Text und antworte wie im Beispiel in dein Heft.**

~~1. Marcia von Rebay~~ 2. Johannes Raspe 3. Robert Pattinson 4. Deborah M.

1. Marcia von Rebay ist die deutsche Synchronsprecherin von Zendaya Coleman.

b **Schreib die Tabelle in dein Heft und ergänz die verschiedenen Vor- und Nachteile von Synchronisation und Untertiteln.**

	Vorteile (+)	Nachteile (–)
Synchronisation		
Untertitel		

c **Wähl drei Filme oder Serien aus und recherchier im Internet: Wie heißen sie im Original? Wie heißen sie in anderen Sprachen? Notier Stichpunkte in dein Heft.**

Original (Englisch): The Little Mermaid
Deutsch: Arielle, die Meerjungfrau
Polnisch: Mała Syrenka
Türkisch: ...

Mach die Übungen. Kontrollier deine Ergebnisse auf Seite 86 und notier die Punkte.

1 Über Medien sprechen

___/5 Punkte

Verbinde die Satzteile.

1. Manche finden es blöd, wenn die Leute ihre Nachrichten nicht
2. Morgen können wir unseren Podcast
3. Mein Akku ist fast leer. Ich muss mein Handy jetzt
4. Wenn es dunkel ist, kannst du dein Handy als Taschenlampe
5. Ich kann dich nicht hören, du musst dein Mikrofon

a) benutzen.
b) anmachen.
c) aufnehmen.
d) beantworten.
e) aufladen.

2 Sagen, was passiert, wenn ...

___/6 Punkte

Schreib die Sätze zu Ende.

1. ■ Postest du die Fotos von dem Geburtstag von Hans?
   ● Nein, ich mache das nur, wenn ______________________.
2. ■ Hoffentlich kommt der Bus heute pünktlich.
   ● Das ist kein Problem. Ruf mich an, wenn der Bus ______________________.
3. ■ In dieser Gruppe darf man andere Leute nicht beleidigen, richtig?
   ● Ja, wir löschen den Post sofort, wenn man ______________________.

3 Sagen, was man darf und nicht darf

___/6 Punkte

Lies die Regeln und kreuz die richtigen Aussagen an.

- Wir sagen unser eigenes Passwort nicht weiter.
- Wir spielen nur noch in den Pausen.
- Wir essen und trinken nicht mehr im Computerraum.
- Wenn wir etwas drucken wollen, bringen wir unser eigenes Papier mit.

1. ☐ Niemand darf über sein Passwort sprechen.
2. ☐ Spielen ist immer erlaubt.
3. ☐ Früher durfte man Essen und Getränke in den Computerraum mitbringen.
4. ☐ Niemand darf den Drucker benutzen.

4 Sagen, was jemand tun soll

___/4 Punkte

Der Unterricht ist zu Ende. Wer soll was machen? Ergänz die Sätze.

ich — Frau Sachs — du — alle

die Fenster • den Müll • die Computer • die Plakate • ausmachen • schließen • in den Mülleimer werfen • an die Wand hängen

1. Ich ______________________.
2. Frau Sachs ______________________.
3. Du ______________________.
4. Wir alle ______________________.

5 Grammatik

___/4 Punkte

Bilde aus den Wörtern einen Satz. Es gibt zwei Möglichkeiten. Schreib beide auf.

wenn • du • vergessen • die • Kopfhörer • hast • , • du • darfst • hören • Musik • mit • mir • .

Punkte insgesamt: ________ /25

42 Seite 42 und 43

drucken, druckt, hat gedruckt
die Information, -en
benutzen, benutzt, hat benutzt
nur wenige
manche
einige
viele
die meisten
alle

43 Seite 44 und 45

die Mailbox, -en
der Anrufbeantworter, –
die Zeitschrift, -en
die Homepage, -s
der Brief, -e
die E-Mail, -s
der Fotoapparat, -e
das Smartphone, -s
der Fernseher, –
das Radio, -s
der Drucker, –
die Datei, -en
der Anruf, -e
hochladen, lädt ... hoch, hat hochgeladen
telefonieren, telefoniert, hat telefoniert
ausmachen, macht ... aus, hat ausgemacht
das Ladekabel, –
das Passwort, "-er

44 Seite 46 und 47

die Ruhe *(nur Sg.)*
Lass mich in Ruhe!
anmachen, macht ... an, hat angemacht
im Internet surfen
abgeben, gibt ... ab, hat abgegeben
(he)runterladen, lädt (he)runter, hat (he)runtergeladen
weiterleiten, leitet ... weiter, hat weitergeleitet

45 Seite 48 und 49

merken, merkt, hat gemerkt
echt gut
ansehen, sieht ... an, hat angesehen
der Empfänger, –
die Empfängerin, –
sofort
antworten, antwortet, hat geantwortet
wahr
Das ist nicht wahr!
das Bad, "-er
das Badezimmer, –
das Team, -s
der Keller, –
weinen, weint, hat geweint
die Spülmaschine, -n
zurückgeben, gibt ... zurück, hat zurückgegeben
das Interview, -s
probieren, probiert, hat probiert
schließen, schließt, hat geschlossen
das Licht, -er
erlauben, erlaubt, hat erlaubt

46 Weitere Technik- und Computerwörter

der Kopfhörer, –
anschalten – ausschalten
starten
googeln
eine SMS schicken
eine Datei abschicken
eine Datei öffnen
senden
das Tablet, -s
das Passwort ändern
das Mobiltelefon, -e

5 Zusammen sind wir stark

1 Zusammen sind wir stark

47 **a Was erzählt Emilia über ihren Alltag? Welche Aussage passt? Kreuz an: Ja oder Nein.**

1. Emilia kommt aus Marburg. ☐ Ja ☐ Nein
2. Sie geht auf eine Schule für Menschen mit und ohne Sehbehinderung. ☐ Ja ☐ Nein
3. Emilia lebt mit fünf anderen Jugendlichen in einer Wohngruppe. ☐ Ja ☐ Nein
4. Sie hat drei beste Freunde. Sie heißen Julius, Antoni und Hannah. ☐ Ja ☐ Nein
5. Die Jugendlichen kochen nur vegetarisch. ☐ Ja ☐ Nein
6. Emilia, Lea und Henri gehen zweimal pro Woche zum Ballett. ☐ Ja ☐ Nein

b Welch…? Ergänz die Tabelle mit den passenden Endungen.

Nominativ	welch___ Tag	welch___ Thema	welch___ AG	welch___ Fächer
Akkusativ	welch___ Tag	welch___ Thema	welch___ AG	welch___ Fächer
Dativ	welch___ Tag	welch___ Thema	welch___ AG	welch___ Fächern

c Was antwortet Emilia im Interview? Ergänz die Sätze und ordne zu.

1. Welch___ AG ist deine Lieblings-AG?
2. Welch___ Gericht kocht ihr heute in der Wohngruppe?
3. Welch___ Schulfächer gibt es an eurer Schule?
4. Welch___ Wochentag magst du am liebsten?
5. Welch___ Stadt ist schöner? Kassel oder Marburg?

☐ a) Jed___ Stadt ist anders. Ich mag aber beide Städte.
☐ b) AGs sind cool! Ich mag fast jed___ AG. Eine Lieblings-AG habe ich nicht.
☐ c) Das weiß ich gar nicht, weil wir jed___ Tag ein anderes Gericht kochen.
☐ d) Alle Fächer, wie an jed___ Schule. Aber wir haben auch lebenspraktische Fächer.
☐ e) Das kann ich gar nicht sagen, weil jed___ Tag interessant ist.

2 Das finde ich wichtig

Was ist wichtig? Schreib die Sätze zu Ende.

1. Mir ist wichtig, dass *ich am Wochenende lange schlafen kann*.
2. Meinen Eltern ist wichtig, dass ____________________.
3. In meiner Freizeit finde ich wichtig, dass ____________________.
4. In einer Freundschaft ist wichtig, dass ____________________.

3 Wie fühlst du dich?

a **Ordne den Smileys die Gefühle zu.**

b **Wie fühlen sich die Jugendlichen? Hör zu und sprich nach. Achte auf die Intonation.**

48

4 In der Wohngruppe

a **Was passt zusammen? Verbinde die Satzteile.**

1. Ich fühle	a) sich, wenn er putzen muss.
2. Regst du	b) uns, wenn wir zusammen einen Film sehen.
3. Mein Mitbewohner ärgert	c) sich, wenn sie allein in ihren Zimmern sind.
4. Wir freuen	d) dich auf, wenn jemand nicht aufräumt?
5. Versteht ihr	e) mich in der Wohngruppe wie zu Hause.
6. Alle langweilen	f) euch alle gut?

b **Ergänz die Reflexivpronomen.**

1. In unserer Wohngruppe helfen *sich* ______ alle gegenseitig.
2. Die meisten hier kennen ______ schon seit Jahren.
3. Wir fühlen ______ hier wohl und machen viel zusammen.
4. Natürlich streite ich ______ auch manchmal mit den anderen. Das ist normal.
5. Ihr streitet ______ bestimmt auch manchmal.
6. Ärgerst du ______ nicht, wenn jemand kocht, und du dann die Küche aufräumen musst?
7. Antoni ärgert ______, weil er heute dran ist.
8. Aber er beruhigt ______ bestimmt bald wieder.

5 Wenn ich mich freue, ...

a **Ordne die Wörter und schreib die Sätze wie im Beispiel in dein Heft.**

1. Wenn ich mich ärgere, will ich mit niemandem reden.

Nebensatz	Hauptsatz
~~1. ärgere • ich • Wenn • mich • ,~~	~~reden • ich • will • mit niemandem • .~~
2. bin • ich • glücklich • Wenn • ,	ich • tanze • .
3. mich • ich • freue • Wenn • ,	laut • ich • dann • singe • .
4. Wenn • traurig • bin • ich • ,	ich • höre • Musik • .
5. nicht so gut • fühle • mich • Wenn • ich • ,	mit meinen Freunden • ich • chatte • .

b Wie fühlst du dich, wenn ...? Ergänz die Sätze.

1. Ich ärgere mich, wenn *meine Schwester meine Sachen anzieht*.
2. Ich freue mich, wenn ____________________.
3. Ich rege mich auf, wenn ____________________.
4. Ich bin glücklich wenn, ____________________.
5. Ich bin traurig, wenn ____________________.
6. Ich fühle mich nicht so gut, wenn ____________________.

c Dieser Wortschatz hilft bei dem Text in d. Verbinde die Satzteile.

1. Wenn du Grippe hast, kannst du sie an andere geben. Du bist
2. Wenn du glücklich bist und dich freust, hast du gute
3. Wenn du etwas tust und nicht denkst, machst du es
4. Wenn eine Person an einer Universität arbeitet und alles über ein Thema genau wissen will, ist sie
5. Wenn eine Person genauso spricht, singt oder ist wie eine andere Person, benutzt man das Verb

a) imitieren.
b) automatisch.
c) ansteckend.
d) Laune.
e) ein Forscher / eine Forscherin.

d Was steht im Text? Lies die Aussagen und kreuz an: Ja oder Nein.

Gute Laune ist ansteckend, schlechte Laune auch

Wenn unsere Freundinnen, Freunde oder Familien lachen und sich freuen, dann freuen wir uns auch.
Lachen ist ansteckend, wie eine Krankheit.
Wenn aber alle Leute um uns herum sich ärgern und schlechte Laune haben, dann ärgern wir uns auch. Warum ist das so?
Forscher haben eine Antwort auf diese Frage gefunden.

Wenn wir mit einer Person sprechen, dann haben wir automatisch oft die gleiche Körpersprache und Mimik wie sie. Wenn sie sich freut, dann haben wir die Körpersprache und das Gesicht von „sich freuen". Und wenn wir ein „Sich-Freuen-Gesicht" machen, dann freuen wir uns automatisch wirklich. Genauso ist es mit dem „Sich-Ärgern-Gesicht". Wenn wir „sich ärgern" imitieren, dann fühlen wir uns schlecht und ärgern uns.

1.	Lachen ist eine Krankheit.	☐ Ja	☐ Nein
2.	Wenn sich andere Leute ärgern, lachen wir.	☐ Ja	☐ Nein
3.	Wenn wir mit einer Person sprechen, machen wir oft das gleiche Gesicht wie sie.	☐ Ja	☐ Nein
4.	Wenn wir ein „Sich-Freuen-Gesicht" imitieren, freuen wir uns gar nicht.	☐ Ja	☐ Nein
5.	Ein „Sich-Ärgern-Gesicht" kann man nicht machen.	☐ Ja	☐ Nein

6 Streit unter Freunden und in der Familie

49 a **Ergänz den Dialog. Hör zur Kontrolle.**

gar nicht • dich • Spinnst • vorher • Lüg • möchte • später • zuerst • zuerst • Spiel • nächste • nicht • leid • und • Fall

- ● Ey, was willst du hier? Ich ______________ (1) jetzt das neue Computerspiel spielen. Ich war ______________ (2) da.
- ■ Das stimmt ja _____ ______________ (3)! Ich war schon ______________ (4) da. Ich habe mir nur noch ein Glas Saft geholt. Du kannst ja auch ______________ (5) spielen.
- ● Auf keinen ______________ (6)! ______________ (7) du doch später! Du ärgerst ______________ (8) ja nur, weil ich ______________ (9) da war.
- ■ Warst du gar ______________ (10)! ______________ (11) nicht! Ich habe den Computer doch angemacht.
- ● Na ______________ (12)? Aber du warst nicht da. Reservieren darf man nicht, sonst komme ich das ______________ (13) Mal mittags und mache den Computer an, dann ist er für mich reserviert.
- ■ ______________ (14) du? Ich habe ihn vor zwei Minuten angemacht. Ich war nur noch schnell in der Küche.
- ● Pech gehabt! Tut mir ______________ (15).

b **Ergänz die Imperativformen in der *du*-Form.**

1. sich beeilen: ______________ ________! Wir kommen sonst zu spät.
2. sich anstellen: ______________ ________ hinten ________. Wir waren zuerst da!
3. sich aufregen: ______________ ________ doch nicht so ________! Das war keine Absicht!
4. machen: ______________ Platz! Ich bin jetzt dran.

7 Streit und dann?

Was bedeuten die Wörter? Ordne zu.

1. die Toleranz	☐ a) eine faire Lösung für beide Seiten finden, wenn es einen Konflikt gibt
2. der Respekt	☐ b) die Gefühle von anderen Menschen verstehen
3. der Kompromiss	☐ c) mit anderen Menschen sprechen
4. die Empathie	☐ d) im Zusammenleben mit anderen Menschen nett und fair sein
5. die Kommunikation	☐ e) verstehen, dass Menschen verschiedene Meinungen haben und anders leben

8 Eine Verabredung

P **a Einen Termin finden. Lonnie will sich mit Julia zum Lernen treffen. Schau in ihren Kalender, ergänz die Sätze und ordne den Dialog.**

Lonnies SONNTAG

07:00		14:00	Fußballtraining mit Hannes
08:00	lange schlafen	15:00	
09:00		16:00	
10:00	frühstücken	17:00	
11:00	Zimmer aufräumen	18:00	
12:00	mit Bello Gassi gehen	19:00	ins Kino gehen
13:00	Mittagessen mit der Familie	20:00	

- a) ● Von 14 bis 15 Uhr kann ich leider auch nicht. Da habe ich ______________________. Ich kann von 16 bis 18 Uhr. Hast du da Zeit? Und wenn du magst, kannst du danach um 18 Uhr mit uns ______________________.
- b) ● Warte kurz, ich schaue in meinen Kalender ... Nein, von 10 bis 12 Uhr geht es leider nicht. Ich will erst mal ______________. Um 10 Uhr ______________ ich. Um 11 Uhr muss ich mein ______________ und dann um 12 Uhr ______________.
- c) ● Hi, Julia, wie geht's?
- d) ● Ach, schade. Dann sehen wir uns also am Sonntag um 16 Uhr. Tschüs!
- e) ■ Okay. Ich muss um 13 Uhr mit meiner Familie zu Mittag essen. Du sicher auch. Kannst du von 14 bis 15 Uhr?
- f) ■ Prima, von 16 bis 18 Uhr habe ich Zeit. Da können wir zusammen lernen. Aber leider kann ich nicht mit ins Kino gehen. Ich darf sonntags nach 19 Uhr nicht mehr rausgehen.
- g) ■ Super, danke. Wir wollten ja am Sonntag zwei Stunden zusammen lernen. Wann treffen wir uns? Ich habe von 10 bis 12 Uhr Zeit. Du auch?

50 **b Ordne den Dialog aus a. Hör dann zur Kontrolle.**

9 Sind Regeln wichtig?

a Welche Regeln gibt es in einer Freundschaft? Ergänz mit den Formen von *müssen* und *dürfen*.

1. Man *muss* Freundinnen und Freunden zuhören, wenn sie schlecht drauf sind.
2. Man ______________ ihnen helfen, wenn sie ein Problem haben.
3. Man ______________ sie nicht beleidigen.
4. Man ______________ pünktlich sein, wenn man mit ihnen verabredet ist.
5. Man ______________ sich entschuldigen, wenn man einen Fehler gemacht hat.
6. Man ______________ nicht gemein zu Freundinnen und Freunden sein.

Mit Konflikten leben

51 **a Hör zu und ergänz die Lücken.**

Eine Welt ohne Konflikte? Geht das überhaupt?

Auf der Erde leben über acht Milliarden Menschen und jede Sekunde werden es mehr. Könnt ihr euch da eine Welt ohne ________________ (1) vorstellen? Könnt ihr euch eine ________________ (2) ohne Konflikte vorstellen? Oder eine ________________ (3)? Keine Konflikte ________________ (4) oder im ________________ (5)? Geht das überhaupt?

Natürlich gibt es überall mal Konflikte. Denn jeder hat seine eigene ________________ (6). Die Welt ist bunt. Jeder ist anders und man ________________ (7) auch nicht immer die gleichen Dinge gerne machen oder gerne mögen. Aber was heißt das? Heißt das, dass wir über andere lachen oder sie mobben dürfen, weil sie anders leben oder denken? Oder heißt das, dass wir ________________ (8) allen recht geben müssen? Muss ein ________________ (9) denn immer schlecht sein? Nein, sich streiten kann manchmal auch ganz ________________ (10) sein. Wichtig ist, dass man über alles spricht, ________________ (11) ist und der Streit dann ein gutes ________________ (12) hat. Manchmal helfen aber auch Regeln. Regeln zu Hause, in der Schule, beim Sport und natürlich auch in einer Freundschaft. Zum Beispiel: Ich muss anderen Menschen zuhören und sie ausreden lassen, auch wenn sie eine andere Meinung haben als ich.

b Lies den Text noch einmal und beantworte die Fragen.

1. Wo gibt es im Alltag Konflikte? ________________
2. Warum gibt es Konflikte? ________________
3. Was ist wichtig bei Konflikten? ________________
4. Was hilft manchmal bei Konflikten? ________________

c Hast du manchmal Streit mit deiner Freundin oder mit deinem Freund? Wie löst du/ihr das Problem? Schreib deine Antwort in dein Heft.

Wenn ich Streit mit meinem Freund / meiner Freundin habe, dann ...

Mach die Übungen. Kontrollier deine Ergebnisse auf Seite 86 und notier die Punkte.

1 Über das Zusammenleben sprechen

Was ist wichtig? Ergänz die Sätze.

wichtiger als • wichtig • Es ist wichtig ___/3 Punkte

1. Ich bin auch mal gern allein. Mir ist ________________, dass die anderen das respektieren.
2. Freunde und Familie sind ________________ alles andere.
3. ________________, dass alle beim Aufräumen helfen.

2 Über Gefühle sprechen

___/5 Punkte

Schreib die Sätze zu Ende.

1. Wenn ich mich ärgere, ____.
2. Ich fühle mich gut, wenn ____.

3 Streiten und Kompromisse finden

52 ___/4 Punkte

Hör zu und ergänz den Dialog.

- Ey, ________________ ____________ (1)! Ich war zuerst am Computer!
- Quatsch, ____________ ____________ (2)! Ich bin jetzt dran.
- ________________ ______ (3)? Ich war doch nur kurz im Bad. Das ist gemein von dir!
- ______ ______ ______ ______ ______ (4)! Das war keine Absicht. Ich komme später wieder.

4 Regeln formulieren

___/4 Punkte

Ergänz die Regeln in Paulas Familie mit den Formen von *müssen* oder *dürfen*.

1. In Paulas Familie ________________ alle im Haushalt helfen.
2. Wenn Paula sich mit ihrem Bruder streitet, ________________ sie einen Kompromiss finden.
3. Paula und ihr Bruder ________________ am Wochenende länger aufbleiben.
4. Die Katze ________________ nicht auf den Tisch.
5. Paula ________________ jeden Tag einmal mit Bello Gassi gehen.

5 Grammatik

a Welche Antwort passt zu welcher Frage? Ergänz die Endungen und ordne zu. ___/3 Punkte

1. Welch___ Film wollen wir sehen? [ ]
2. Welch___ Farbe magst du? [ ]
3. Welch___ Fach magst du? [ ]

a) Jed___ Fach, besonders aber Mathe.
b) Egal. Ich mag fast jed___ Film.
c) Ich mag jed___ Farbe, nur kein Rot.

b Ergänz die Sätze mit den passenden Reflexivpronomen. ___/6 Punkte

1. Ich freue ________________ für dich.
2. Du ärgerst ________________.
3. Er/sie streitet ________________ oft.
4. Wir fühlen ________________ prima.
5. Versteht ihr ________________ gut?
6. Sie kennen ________________ schon lange.

Punkte insgesamt: ____________ /25

53 Seite 52 und 53

das Gymnasium,
die Gymnasien
gemeinsam
jede/r
anbieten, bietet ... an,
hat angeboten
teilnehmen, nimmt ... teil,
hat teilgenommen
Ich möchte an der Tanz-AG teilnehmen.
verschieden
Wir machen verschiedene Sachen.
mitmachen, macht ... mit,
hat mitgemacht
welche/r
putzen, putzt, hat geputzt
respektieren, respektiert,
hat respektiert
fair

54 Seite 54 und 55

schlimm
(sich) ärgern, ärgert (sich),
hat (sich) geärgert
(sich) freuen, freut (sich),
hat (sich) gefreut
übertreiben, übertreibt,
hat übertrieben
(sich) aufregen, regt (sich)
auf, hat sich aufgeregt
(sich) schlecht fühlen,
fühlt (sich) schlecht,
hat (sich) schlecht gefühlt
sich kennen
aufregend
(sich) ausruhen, ruht (sich)
aus, hat (sich) ausgeruht
einsam
jemand
langsam
praktisch
(sich) wohlfühlen, fühlt
(sich) wohl, hat (sich)
wohlgefühlt
(sich) verstehen, versteht
(sich), hat (sich) verstanden
der Mitbewohner, –
die Mitbewohnerin, -nen
der Haushalt *(nur Sg.)*
(sich) kümmern,
kümmert (sich),
hat (sich) gekümmert
(sich) streiten, streitet
(sich), hat (sich) gestritten
(sich) vertragen, verträgt
(sich), hat sich vertragen
sicher
(sich) langweilen,
langweilt (sich),
hat (sich) gelangweilt
unsicher
der Streit, -s

55 Seite 56 und 57

(sich) beeilen, beeilt (sich),
hat (sich) beeilt
Mach schon, beeil dich!
gar nicht
der Müll *(nur Sg.)*
(sich) hinlegen, legt (sich)
hin, hat (sich) hingelegt
reservieren, reserviert,
hat reserviert
gerade eben
holen, holt, hat geholt
die Dusche, -n
besetzt
aufhören
Kannst du bitte mit dem Lärm aufhören?
auf keinen Fall
Spinnst du?
der Konflikt, -e
lösen, löst, hat gelöst
(sich) entschuldigen,
entschuldigt (sich),
hat (sich) entschuldigt
der Kompromiss, -e
auf jemanden böse sein

56 Seite 58 und 59

rausgehen, geht ... raus,
ist rausgegangen
fertig
die Meinung, -en
erlaubt

6 Voll im Trend

1 Das mag ich

57 🔊 **Hör das Interview. Welche Aussage passt? Kreuz an: Ja oder Nein**

1. Emma findet neue Modetrends im Internet. ☐ Ja ☐ Nein
2. Sie mag keine Hüte. ☐ Ja ☐ Nein
3. Sie probiert mit ihrer besten Freundin die Trends aus. ☐ Ja ☐ Nein
4. Sie findet ihre Freundin Clara langweilig. ☐ Ja ☐ Nein

2 Was gefällt euch?

a Das Verb *gefallen* (+ Dativ). Was passt zusammen? Verbinde.

1. Wie gefällt dir
2. Wie gefallen dir

a) der Hund?
b) die neue Lehrerin?
c) meine Ohrringe?
d) die Bluse von Marie?
e) das Motorrad?
f) diese Lieder?

b Sag es anders. Schreib Sätze mit mögen, gut finden und gefallen.

1. Ich mag aufregende Computerspiele.
2. Paul mag Mathe und Physik.
3. Marie mag große Ohrringe.
4. Mögt ihr alte Autos?
5. Lisa und Mariem mögen lustige Videos.
6. Ich mag die Songs von ...

Schreib hier den Namen von deiner Lieblingssängerin oder deinem Lieblingssänger.

Ich **mag** komplizierte Computerspiele.
Ich **finde** komplizierte Computerspiele **gut**.
Komplizierte Computerspiele **gefallen mir**.

c Wie findest du ...? Wähl Adjektive aus und ergänz die Sätze.

berühmt • wunderbar • sehr gut • cool • teuer • stylisch • jung • süß • modisch • neu • interessant • lustig • bunt • dick • spannend

1 Der Sänger ist ____________________.
Ich finde ihn ____________________.
Er sieht ____________________ aus.

2 Das Buch ist ____________________.
Ich finde es ____________________.
Es sieht ____________________ aus.

3 Die Influencerin ist ____________________.
Ich finde sie ____________________.
Sie sieht ____________________ aus.

4 Die Schuhe sind ____________________.
Ich finde sie ____________________.
Sie sehen ____________________ aus.

d **Adjektive vor dem Nomen. Sieh dir den „Denk-nach"-Kasten im Kursbuch auf Seite 63 drei Minuten lang genau an. Mach dann das Lehrbuch zu und ergänz die Sätze mit den Adjektiven aus c.**

Nominativ	Akkusativ
1. Das ist ein ______ Sänger.	Gibt es noch einen so ______ Sänger?
2. Das ist ein ______ Buch.	Willst du so ein ______ Buch haben?
3. Das ist eine ______ Influencerin.	Kennst du noch eine ______ Influencerin?
4. Das sind ______ Schuhe.	Siehst du noch mehr ______ Schuhe?

e **Widersprechen. Ergänz die Adjektivendungen.**

1 Das ist ein toll___ Film.
Ich finde, das ist kein toll___ Film.

2 Das ist ein interessant___ Buch.
Ich finde, das ist kein interessant___ Buch.

3 Das war eine wunderbar___ Reise.
Ich finde, das war keine wunderbar___ Reise.

4 Das waren toll___ Ferien.
Ich finde, das waren keine toll___ Ferien.

3 Deine Schwester sieht cool aus

58 **a** **Was hörst du? Kreuz an: a oder b. Hör dann noch einmal und sprich nach.**

1. ☐ a) Das ist ein bequemes T-Shirt.
   ☐ b) Ich möchte ein bequemes T-Shirt.
2. ☐ a) Das ist ein süßer Ohrring.
   ☐ b) Ich suche einen süßen Ohrring.
3. ☐ a) Das ist ein bunter Gürtel.
   ☐ b) Sie hat einen bunten Gürtel.
4. ☐ a) Das sind coole Kopfhörer.
   ☐ b) Ich mag coole Kopfhörer.

59 **b** **Diktat. Hör zu und ergänz.**

Schau mal, das sind Tim und Jule. Ich glaube, heute ist ein ______ Tag für sie. Tim trägt eine ______, ______ Hose, ein ______ Hemd und ______ Schuhe. Jule trägt einen ______ Rock, eine ______ Bluse und ______ Sneakers. Ihr ______ Ohrring sieht ______ aus. Ich finde, Tim und Jule sehen ______ aus.

4 Wer ist es?

a Finde von links nach rechts noch neun weitere Wörter für Körperteile, elf Wörter für Kleidungsstücke und drei Wörter für Accessoires. Markier jede Kategorie in einer anderen Farbe.

b Ordne zu wie im Beispiel. Ergänz den Artikel und den Plural.

Körperteile: der Rücken, –
Kleidungsstücke: die Jeans, –
Accessoires: der Ohrring, -e

Z	K	H	E	E	Q	P	U	L	L	O	V	E	R	K	K
S	S	N	E	A	K	E	R	S	B	U	L	M	U	N	D
P	C	L	X	G	U	F	I	N	G	E	R	J	H	X	Q
O	H	R	R	I	N	G	A	O	B	L	U	S	E	X	L
K	O	P	F	R	N	B	A	D	E	H	O	S	E	Y	M
J	K	H	K	L	E	I	D	B	G	G	Ü	R	T	E	L
Z	A	U	G	E	E	F	N	Ö	ß	A	T	M	N	M	G
Q	O	E	R	Ü	C	K	E	N	Y	R	N	K	O	H	R
C	U	B	E	I	N	P	Q	S	T	I	E	F	E	L	V
A	F	S	W	E	A	H	E	M	D	I	R	T	C	I	D
N	A	S	E	A	N	R	M	Ü	T	Z	E	O	V	C	E
R	L	S	O	N	N	E	N	B	R	I	L	L	E	J	D
S	C	H	A	L	Y	N	C	T	K	M	J	E	A	N	S
T	A	S	C	H	E	S	C	H	U	L	T	E	R	M	F
I	C	B	A	U	C	H	T	X	S	H	I	M	T	P	E
Y	C	L	H	B	I	K	I	N	I	W	T	H	O	S	E

c Ergänz die Texte. Zu welchen Bildern passen sie? Ordne zu.

A

B

C

hat • finde • sieht • aus • trägt • trägt

1. Die Person ________ lange, rote und lockige Haare und ________ eine gestreifte Kappe. Sie ________ interessante Klamotten: eine enge, schwarze Hose und ein gepunktetes Sweatshirt. Ich ________, sie ________ ein bisschen verrückt ________.

alt • aussieht • dass • groß • trägt • ungefähr

2. Die Person ist vielleicht 30 Jahre ________ und ________ 1,60 m ________. Sie ________ sportliche Kleidung, aber ich finde, ________ sie nicht so sportlich ________.

d Beschreibe dich oder eine andere Person wie in c.

5 Das nehme ich!

Sieh dir den „Denk-nach"-Kasten im Kursbuch auf Seite 66 drei Minuten an. Mach das Lehrbuch zu und ergänz dann die Sätze.

1. ● Wie gefällt dir das rot_____ Kleid?
   ■ Na ja, es geht. Ich mag das gestreift_____ Kleid lieber.
2. ● Wie findest du den schwarz_____ Gürtel?
   ■ Der ist klasse.
3. ● Willst du die weiß_____ Hose kaufen?
   ■ Ich weiß noch nicht. Ich mag die blau_____ lieber. Die weiß_____ ist bestimmt zu eng.
4. ● Hast du die grün_____ Stiefel gesehen?
   ■ Ja, die sind nicht schlecht, aber die blaugelb_____ Stiefel sind noch cooler.

6 Das Paket ist da

a Welcher Satz passt zu welchem Bild? Ordne zu.

1. Die Hose passt dir nicht.
2. Die Hose gefällt mir.
3. Die Hose steht dir gut.

b Ergänz die Lücken mit den passenden Verbformen.

finden • finden • anprobieren • anprobieren • stehen • stehen • kaufen

☐ a) ● Ich _______________ es mal _______.
(etwas später) Und? Was sagst du? Wie _______________ es mir?

☐ b) ● Guck mal, Mira, das Kleid.

☐ c) ● Super! Komm, wir _______________ die Kleider und gehen im Partnerlook.

☐ d) ● Das rote. Das _______________ ich cool. Wie findest du es?

☐ e) ■ Ich _______________, es sieht toll aus. Ich _______________ es auch mal _______.
(etwas später) Und? _______________ es mir auch?

☐ f) ■ Welches Kleid, das rote oder das schwarze?

☐ g) ■ Na ja, ein bisschen verrückt ist es schon.

60 **c Ordne den Dialog. Hör zur Kontrolle.**

7 Das machen Jugendliche mit ihrem Geld

Lies die Grafik und ergänz den Text.

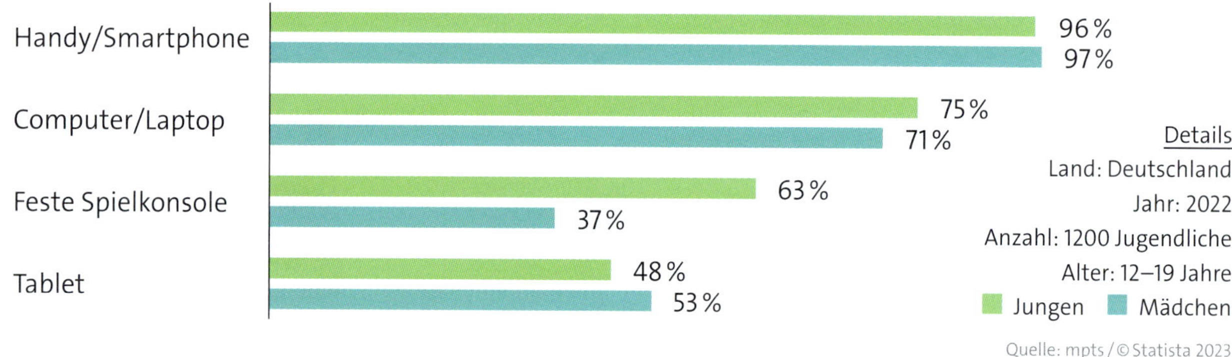

an dritter Stelle • an dritter Stelle • Eine Studie • einen Unterschied • Fast alle • mehr als 70 Prozent • zwischen 12 und 19 • 2022

________________ (1) in Deutschland aus dem Jahr ________________ (2) hat gezeigt, dass die Jugendlichen viele Geräte haben. Die Jugendlichen waren ________________ (3) Jahre alt. ________________ (4) Jungen und Mädchen in Deutschland haben ein Handy oder Smartphone. Der Computer oder Laptop liegt mit ________________ (5) an zweiter Stelle. Bei den Spielkonsolen gibt es ________________ (6) zwischen Jungen und Mädchen. Die Spielkonsole liegt mit 63 Prozent bei den Jungen ________________ (7). Bei den Mädchen liegt mit 53 Prozent das Tablet ________________ (8).

8 Projekt: Dafür geben wir Geld aus

P 61–65

Hör fünf kurze Texte. Hör jeden Text zweimal. Was ist richtig? Kreuz an: a, b oder c.

1. Was sagt Mia zum Thema „Trends"?
   - a) Sie findet Trends nicht wichtig.
   - b) Sie schaut Trend-Videos.
   - c) Sie mag Modetrends.

2. Was macht Leo mit seinem Taschengeld?
   - a) Er spendet einen Teil an eine Tierschutz-Organisation.
   - b) Er kauft seine Schulsachen und Bücher.
   - c) Er gibt viel Geld für die Freizeit aus.

3. Welches Kleidungsstück kauft Amir?
   - a) Die schwarze Hose.
   - b) Die grüne Hose.
   - c) Er kauft nichts.

4. Was gefällt Tim?
   - a) Coole Klamotten kaufen.
   - b) Lustige Videos machen.
   - c) Spannende Filme sehen.

5. Was ist das Thema von der Projektwoche?
   - a) Cybermobbing.
   - b) Taschengeld.
   - c) Hobbys.

Trendy in Schuluniform?

primablogspot.de

Ich weiß, was mir steht und probiere gern neue Trends aus. Wenn ich gute Kleidung kaufe, dann fühle ich mich gut. 😎 Natürlich sind das meistens teure Markenklamotten. Wenn ich eine Schuluniform tragen muss, die erstens nicht zu mir passt und die zweitens langweilig aussieht, dann ist das der Horror für mich. 😫 *von:* Blabla

In vielen anderen Ländern gibt es ja Schuluniformen. Warum nicht auch bei uns in Deutschland? Ich finde, wenn man Schuluniformen trägt, dann sieht man, dass man zusammengehört. Das ist ein gutes Gefühl. 🙂 Und man muss morgens nicht nachdenken, was man anziehen kann. Das macht immer Stress. *von:* Lilo

Wenn man Schuluniformen einführt, dann müssen die Schüler mitbestimmen, welche Uniform sie tragen. Man muss verschiedene Uniformen zum Wählen haben. Ganz wichtig ist für mich, dass sie umweltfreundlich 🌍 🌳 ♻️ und stylisch ist. Wenn das so ist, dann sage ich JA zu Uniformen. *von:* Kikimo

Wir wollen Individuen sein und keine Masse. Warum sollen denn alle das Gleiche anziehen? 😡 Ich bin total gegen Uniformen!!! Ich will doch anziehen, was ich will. Das darf mir keiner verbieten! Andere Sachen in der Schule sind viel wichtiger. Die muss man ändern, zum Beispiel: Weg mit dem Notenstress! *von:* Trull

a **Lies die Beiträge im Forum. Wer ist für, wer ist gegen Schuluniformen? Wer macht einen Kompromiss? Kreuz an.**

	A 👍	B 👎	C 🤚
1. BlaBla	☐	☐	☐
2. Lilo	☐	☐	☐
3. Kikimo	☐	☐	☐
4. Trull	☐	☐	☐
5. Und du?	☐	☐	☐

b **Wer sagt was? Ordne die Namen zu.**

a) ______________: ● Wenn mir die Schuluniform gefällt, trage ich sie gerne.

b) ______________: ▼ Mit Schuluniformen kann man nicht trendy sein und Neues ausprobieren.

c) ______________: ■ Wir haben keine Schuluniformen und ich möchte auch keine.

d) ______________: ★ Schuluniformen sind praktisch und gut für das Wir-Gefühl.

6 Teste dich!

Mach die Übungen. Kontrollier deine Ergebnisse auf Seite 86 und 87 und notier die Punkte.

1 Sagen, was mir gefällt

Was gefällt den Leuten? Ordne die Wörter und schreib die Sätze. ___/6 Punkte

1. Jeans • modische • gefallen • Mir • . ______________________
2. den • super • Ich • finde • Mantel • roten • . ______________________
3. mögen • Meine Eltern • grünen • Haare • keine • . ______________________
____

2 Sachen und Personen beschreiben

Was trägt Lina? Sieh dir das Bild an und ergänz die Sätze. ___/8 Punkte

trägt • trägt • gelbe • langen • warm • warme • weiß • pinke

Lina ________ (1) heute eine ________ (2) Mütze und einen ________ (3) Schal. Ihr Mantel ist ________ (4) und sehr ________ (5). Sie ________ (6) ________ (7) Stiefel. Wie findet ihr die ________ (8) Hose?

66 3 Über Kleidung sprechen und Kleidung kaufen

Welche Antwort passt? Hör die Fragen und ordne sie den Antworten zu. ___/4 Punkte

a) ● Ja, mit der Jacke siehst du super aus!
b) ★ Die sind zu eng.
c) ▼ Nein, die ist viel zu teuer.
d) ■ Probier es doch mal an.

4 Über eine Statistik sprechen

Was passt zusammen? Verbinde die Satzteile. ___/3 Punkte

1. Die Jugendlichen bekommen
2. Die Ausgaben für Kleidung
3. Nur 15 Prozent

a) kaufen vom Taschengeld Sachen für die Schule.
b) 40 Euro Taschengeld pro Monat.
c) stehen an erster Stelle.

5 Grammatik

Ergänz die Adjektivendungen im Nominativ und Akkusativ. ___/4 Punkte

1. Schau mal, ein cool____ Pullover, ein süß____ T-Shirt, eine günstig____ Hose und schön____ Schuhe.
2. Den cool____ Pullover, das süß____ T-Shirt, die günstig____ Hose und die schön____ Schuhe habe ich mir gerade gekauft!

Punkte insgesamt: ________ /25

67 **Seite 62 und 63**

der Trend, -s

Ich mache mein eigenes Ding.

bunt

umweltfreundlich

die Mode, -n

die Mütze, -n

spannend

ausprobieren, probiert … aus, hat ausprobiert

trendy

hässlich

Jeder Mensch ist schön, denn es gibt keine hässlichen Menschen.

gefallen, gefällt, hat gefallen

Der Hund gefällt mir.

modern

dick (mit Dingen, z. B. Bücher)

dünn (mit Dingen, z. B. Bücher)

günstig

die Klamotten *(nur Pl.)*

das T-Shirt, -s

der Stiefel, –

das Angebot, -e

68 **Seite 64 und 65**

der Gürtel, –

tragen, trägt, hat getragen

Sie trägt einen blauen Gürtel.

die Hose, -n

die Sneakers *(Pl.)*

das Hemd, -en

die Bluse, -n

der Körper, –

die Kleidung *(nur Sg.)*

das Kleid, -er

der Typ, -en

Das ist ein cooler Typ.

69 **Seite 66 und 67**

der Laden, "

stehen, steht, hat gestanden

Steht mir die Bluse?

Die Bluse steht dir sehr gut.

passen, passt, hat gepasst

Die Hose passt dir.

70 **Seite 68 und 69**

ausgeben, gibt … aus, hat ausgegeben

das Taschengeld *(nur Sg.)*

Taschengeld ausgeben

der Einkauf, "-e

die Studie, -n

die Hälfte *(nur Sg.)*

der Durchschnitt, -e

im Durchschnitt

der Unterschied, -e

die Grafik, -en

die Stelle, -n

an erster Stelle / an zweiter Stelle

das Prozent, -e

die Ausgabe, -n

der Konsum *(nur Sg.)*

sparen, spart, hat gespart

beliebt sein

vor allem

spenden, spendet, hat gespendet

der Teil, -e

Sonstiges

die Befragung, -en

befragen, befragt, hat befragt

71 **Formen, Muster und Farben**

glatt

lockig

grün
blau
gelb
rot
lila
orange
weiß
schwarz
grau
braun
gestreift
gepunktet
kariert

7 Das ist mir wichtig

1 Das Foto ist cool

Ergänz die Sätze mit den richtigen Formen der Verben.

sitzen • stehen • sehen • tragen • haben • halten • geben • werden • machen • posten • erkennen • stehen

Auf dem Foto ______________ (1) man vier Jugendliche im Park. Ein Jugendlicher ______________ (2) vor einer Kamera. Er ______________ (3) einen Hut auf dem Kopf und ______________ (4) ein Stück Kuchen in der Hand. Auf dem Kuchen ______________ (5) die Zahl 17. Der Jugendliche ______________ (6) wahrscheinlich Geburtstag und ______________ (7) 17 Jahre alt. Ein Freund ______________ (8) wahrscheinlich gerade ein Foto von ihm. Vielleicht ______________ (9) er das Foto danach in den sozialen Netzwerken. Die anderen drei Jugendlichen ______________ (10) auf der Wiese. Man kann Getränke ______________ (11) und ich glaube, es ______________ (12) auch etwas zu essen.

2 Welches Datum ist heute?

72 **a Zahlen wiederholen. Welche Zahlen hörst du? Notier sie und lies sie laut.**

a) *28* c) ____ e) ____ g) ____ i) ____ k) ____

b) ____ d) ____ f) ____ h) ____ j) ____ l) ____

b Ergänz die Ordinalzahlen.

unter 20: der/das/die ... + te	**ab 20:** der/das/die ... + ste	**unregelmäßig:** der/das/die ...
a) ______________ 2.	d) ______________ 20.	g) ______________ 1.
b) ______________ 5.	e) ______________ 57.	h) ______________ 3.
c) ______________ 19.	f) ______________ 44.	i) ______________ 7.

73 **c Phonetik: Konsonantengruppen. Hör zu und sprich nach.**

Ist heute der siebenundzwanzigste Sechste?

Quatsch, heute ist der dreißigste Fünfte.

74–76 **d Hör die drei Dialoge und notier das Datum.**

1. Heute ist der ______________.
2. Morgen ist der ______________.
3. Nächsten Samstag ist der ______________.

e Welches Datum ist dir wichtig? Schreib die Zahlen als Wörter.

1 ● An welchem Tag bekommt ihr Ferien? ■ Am ______ ______.

2 ● Wann habt ihr das nächste Mal schulfrei? ■ Am ______ ______.

3 ● Wann hast du Geburtstag? ■ Am ______ ______.

3 Was ist für euch ein besonderer Tag?

Lies den Dialog und ergänz die Sätze.

an dem Tag • essen • Geburtstag • Garten • kommen • los • machen • mich • Welcher • zusammen • bringen

■ ______ (1) Tag ist für dich ein besonderer Tag?

● Für ______ (2) ist der 4.7. ein besonderer Tag.

■ Warum der 4.7.? Was ist da ______ (3)?

● Meine Oma hat ______ (4) und wir ______ (5) ein großes Familientreffen.

■ Und was macht ihr ______ (6)?

● Meine ganze Familie ______ (7) zu meiner Oma. Jede Familie ______ (8) etwas zu essen mit und dann essen wir alle bei meiner Oma im ______ (9). Und nach dem Essen machen wir ______ (10) Musik für sie.

4 Bekannte Personen

a Was passt zu ...? Lies die Texte im Kursbuch auf Seite 74 noch einmal und kreuz an. Manchmal gibt es mehrere Möglichkeiten.

	Henning May	Satou Sabally	Leeroy Matata	Greta Thunberg
1. Wer engagiert sich für den Klimaschutz?	☐	☐	☐	☐
2. Wer ist nicht in Deutschland geboren?	☐	☐	☐	☐
3. Für wen ist der 15.3.2019 ein wichtiger Tag?	☐	☐	☐	☐
4. Wer ist oder war sehr sportlich?	☐	☐	☐	☐
5. Wer ist Veganerin oder Veganer?	☐	☐	☐	☐
6. Wer hat in verschiedenen Ländern gewohnt?	☐	☐	☐	☐
7. Wer ist der/die älteste?	☐	☐	☐	☐
8. Wer war schon einmal Deutscher Meister?	☐	☐	☐	☐
9. Wer ist im Januar geboren?	☐	☐	☐	☐
10. Wer macht Interviews auf YouTube?	☐	☐	☐	☐

77 **b Ergänz die Adjektivendungen im Dativ und hör zur Kontrolle.**

- Siehst du den Jungen mit dem blau_____ (1) Fahrrad?
- Meinst du den Jungen mit der blau_____ (2) Jacke, den lockig_____ (3) Haaren und den schick_____ (4) Kopfhörern?
- Ja, das ist Tim. Das ist der Freund von meiner groß_____ (5) Schwester.

c Akkusativ oder Dativ? Ergänz die Adjektivendungen.

1. Der Junge mit der blau_____ Kappe heißt Max. Er trägt eine hellblau_____ Jeans, eine grau_____ Jacke und ein hell_____ Hemd. Meistens trägt er auch einen breit_____, schwarz_____ Gürtel. Man sieht ihn fast immer mit seiner superschick_____ Sonnenbrille, seinen schwarz_____ Kopfhörern und seiner cool_____ Smartwatch.
2. Neben ihm steht Sarah. Sie hat ihr neu_____ Skateboard in der link_____ Hand. Sie trägt ein blau_____ T-Shirt und eine dunkl_____ Hose.
3. Das Mädchen mit den braun_____, lang_____ Haaren und dem pink_____ T-Shirt ist Lisa. Sie trägt eine blau_____, eng_____ Jeans. Sie hat blau_____ Kopfhörer und trägt einen blauschwarz_____ Rucksack.

78 **d Hör zu und notier das Datum.**

1. Lukas ist am ______________________ geboren.
2. Sein Bruder Niklas ist am ______________________ geboren.
3. Ihr Vater ist am ______________________ geboren.

5 Wer ist wichtig für dich?

79 **Diktat: Hör zu und ergänz die Sätze.**

Der wichtigste Mensch ______________________ ist meine Tante Fredi, weil ______________________
______________________, wenn ______________________.
Sie ist ________________ geboren und sie ist ______________________ als ich.
Sie ist ______________________. Ich finde ______________________ toll. Ich möchte
später ______________________.

6 Wichtige Momente im Schulleben

Such die zehn Nomen zum Wortfeld „Schule“und ergänz die Sätze.

Leh den sen Dik Fe fung Klas nis No plan ten Un sen Stun richt
Prü re rin rien Klas Zeug ter rer tat leh fahrt

1. Wir haben heute keinen ___ ___ ______. Unser ___ ___ ist krank.
2. Wir schreiben heute ein ___ ___.
3. Wir müssen jetzt viel lernen, denn nächste Woche haben wir eine ___ ___.
4. Am Ende vom Schuljahr bekommen wir das ___ ___ mit den ___ ___ für jedes Fach.
5. Vor den ___ ___ machen wir eine ___ ___ ___ mit unserer ___ ___ ___ ___ ___. Wir fahren nach Berlin.
6. Wenn ich wissen möchte, welche Fächer ich morgen habe, schaue ich auf den ___ ___ ___.

7 Unser Schulfest

P **Was ist richtig? Lies die E-Mail und kreuz an.**

Betreff: Unser Schulfest

Hallo Max,
wie geht es dir? Du hast letztes Wochenende auf dem Sportfest in Florstadt Basketball gespielt. Wie war's? Hat deine Mannschaft einen Preis gewonnen? Ich hoffe, dass ich das nächste Mal auch dabei sein kann. Hier in Köln war aber auch richtig was los.
Wir hatten gerade unser großes Schulfest. Unsere Klasse hat beim Schüler-Café mitgeholfen. Die Eltern haben Kuchen gebacken und wir mussten Kaffee und Kuchen verkaufen. Das war superstressig! Ich habe kein Stück Kuchen gegessen. Keine Zeit! Wir hatten auch viele Aktivitäten auf dem Schulfest. Meine Schwester wollte unbedingt auf dem Flohmarkt einkaufen. Sie liebt Shoppen, aber für mich ist das nichts. Für mich war die Zirkus-AG am interessantesten. Die Zirkus-AG macht coole Akrobatik. Das möchte ich auch lernen. Nächstes Jahr mache ich auch bei der Zirkus-AG mit. Und abends hat natürlich unsere Schulband gespielt. Das Mädchen am Schlagzeug war super! Und meine Schwester hat gesungen. Ich habe nicht gewusst, dass meine Schwester so gut singen kann.
Liebe Grüße
Jan

1. Max ...
   - ☐ a) war auf dem Sportfest.
   - ☐ b) hat einen Preis gewonnen.
   - ☐ c) war bei Jan.
2. Jan hat auf dem Schulfest ...
   - ☐ a) Kuchen gebacken.
   - ☐ b) hat Kuchen verkauft.
   - ☐ c) hat viel Kuchen gegessen.
3. Jan ...
   - ☐ a) ist in der Zirkus-AG.
   - ☐ b) möchte Akrobatik lernen.
   - ☐ c) mag lieber Shoppen als Zirkus.
4. Jans Schwester ...
   - ☐ a) ist in der Schulband.
   - ☐ b) spielt Schlagzeug.
   - ☐ c) singt nicht gut.

8 Emma ist weg!

a ***Niemand*** **oder** ***jemand*****? Ergänz die Sätze.**

1. Hinter der Tür weint ____________________.
2. ■ Hallo, ist da ____________________? Ich höre nichts.
   ● Ich glaube, da ist ____________________.
3. Schade, ich war ganz allein. ____________________ ist mitgekommen.
4. Ich schaffe das nicht allein, kann mir ____________________ helfen?

b **Ergänz die Formen im Infinitiv und im Perfekt.**

1. essen	2. ______	3. ______	4. ______	5. ______	6. ______	7. ______
aß	holte ... ab	lief	ging	vergaß	kam	zog sich ... um
hat	______	______	______	______	______	______
gegessen	______	______	______	______	______	______

c **Ergänz den Text mit den Verben aus b im Perfekt.**

Florian wohnt mit seiner Mutter, seiner kleinen Schwester Karin und dem Hund Lobo in Bochum. Seine Mutter arbeitet in einer Bank. Deshalb muss Florian immer seine Schwester vom Kindergarten abholen. Im letzten Jahr ist etwas passiert. Florian __________ Karin vom Kindergarten ______________ (1). Seine Schwester __________ sehr langsam ______________ (2) und Florian hat sich geärgert. Er hat sich mit seiner Schwester gestritten. Zu Hause hat er das Essen warm gemacht und dann hat er im Internet mit seiner Freundin gechattet. Er __________ seine kleine Schwester ______________ (3). Zwei Stunden später war Karin weg. Florian hat Karin überall gesucht, im Haus, auf der Straße und auf dem Spielplatz. Er konnte sie nicht finden und hatte große Angst. Dann __________ Lobo ______________ (4) und hat vor der Kellertür gebellt. Florian hat gehört, dass jemand hinter der Tür weint. Er __________ schnell in die Wohnung ______________ (5), hat den Kellerschlüssel geholt und die Tür aufgeschlossen. Da war Karin. Sie wollte Florian ärgern. Deshalb hat sie sich im Keller versteckt. Dann hat jemand die Tür abgeschlossen und sie ist nicht wieder rausgekommen. Beide waren sehr froh. Karin __________ sich schnell ______________ (6). Dann haben sie haben die schmutzige Kleidung und Karins Teller mit dem Mittagessen versteckt. Kurz danach ist ihre Mutter gekommen. Florian und Karin haben nichts verraten. Sie hatten großen Hunger und __________ zu dritt zu Abend ______________ (7).

Musik macht mich glücklich

Samuel Reißen – der Sänger in *prima aktiv*

Ich bin Samuel. Seit meinem vierten Lebensjahr mache ich Musik. Angefangen hat alles mit dem Karneval. Meine Familie und Freunde sind jedes Jahr mit einer *Samba Batucada* durch die Straßen gezogen und dort habe ich zum ersten Mal die Surdo gespielt. Oder es versucht, denn die Trommel war ungefähr zweimal so groß wie ich. Seitdem spiele ich Schlagzeug und habe einige Jahre später meine erste Band gegründet.
Mit 15 habe ich viel HipHop gehört und mit meiner Crew im Keller Aufnahmen am Computer gemacht. So bin ich gleichzeitig zum Rapper, Sänger und Tontechniker geworden. Das Gitarrespielen habe ich von meinem Vater gelernt.
In der Schule habe ich das Fach „Musik" aber überhaupt nicht gemocht. Das war mir viel zu langweilig und theoretisch. Ich wollte lieber Musik machen, improvisieren, kreativ sein.

Andere Fächer haben mich mehr interessiert, aber ich war leider oft faul. Deshalb lerne ich heute manchmal Sachen, die man eigentlich schon in der Schule gelernt hat. Physik und Naturwissenschaften mag ich jetzt sehr gerne. Im Unterricht habe ich nie zugehört. Für mich ist das eine Lehre für das Leben: Man kann nie wissen, was man später einmal braucht.
Nach der Schule habe ich in den Niederlanden Jazz studiert. Dort habe ich sehr viel gelernt, auch ein bisschen Klavier und natürlich alles, was mit Trommeln zu tun hat. Lieder schreiben, Schlagzeug spielen, Konzerte geben, aber vor allem Singen macht mich glücklich. Wenn ich Musik mache, kann ich meine Sorgen vergessen und Probleme lösen.
Ich habe in meinem Leben viele verschiedene Bands und Projekte gehabt: Klassik, Theater, Jazz, Reggae, HipHop, Electro, Latin, Pop ... Außerdem gebe ich weltweit Workshops für Deutschlernende. So habe ich die ersten Deutsch-Songs geschrieben. Als Gertrud, eine Freundin von meinen Eltern, die Lieder gehört hat, war sie begeistert und hat mich beim Verlag vorgestellt. So kommt es, dass ich einige Songs für dieses Buch geschrieben habe. Und ich möchte zu gerne wissen, wie ihr sie findet.

a Lies die Biografie von Samuel. Welche Aussage passt? Kreuz an: Ja oder Nein.

1. Samuel hat schon als kleines Kind Schlagzeug gespielt. ☐ Ja ☐ Nein
2. Sein Lieblingsfach in der Schule war Musik. ☐ Ja ☐ Nein
3. Heute findet er Physik und Naturwissenschaften interessant. ☐ Ja ☐ Nein
4. Samuel hat in den Niederlanden Kunst studiert. ☐ Ja ☐ Nein

80 **b Im Kursbuch hast du zwei Lieder von Samuel Reißen kennengelernt: „Weil ich dich brauche!" (Seite 28) und „Von klein bis groß" (Seite 76). Wie gut kennst du die Lieder? Hör sechs kurze Ausschnitte. Zu welchem Lied gehören sie? Ordne zu.**

1 ☐ ☐ a) „Weil ich dich brauche" ☐ ☐ ☐ b) „Von klein bis groß"

7 Teste dich!

Mach die Übungen. Kontrollier deine Ergebnisse auf Seite 87 und notier die Punkte.

1 Über besondere Tage sprechen ___/4 Punkte

Ordne die Sätze.

1. Für mich • der 4.9. • ist • ein besonderer Tag • ich • habe • Geburtstag

   ______________________________, weil ______________________________.

2. kommen • Dann • meine Großeltern • zu Besuch • ich bekomme viele Geschenke

   ______________________________ und ______________________________.

2 Das Datum erfragen und nennen ___/6 Punkte

Ergänz die Dialoge mit den Fragewörtern und den passenden Endungen.

Wann • Welches • An welchem

1. ● ____________ Datum ist heute? ■ Der drit_____ März.
2. ● ____________ hat Mila Geburtstag? ■ Am viert_____ Juni.
3. ● ____________ Tag ist euer Sommerfest? ■ Am zwanzig_____ Juli.

3 Personen vorstellen ___/8 Punkte

Ergänz die Personenbeschreibung.

liebt • will • kommt • sieht • kurze • nett • weißes • alt

Dan ist 15 Jahre ____________ (1) und ____________ (2) aus Saarbrücken. Er ____________ (3) gut aus. Er ist nicht so groß und hat ____________ (4) blonde Haare. Am liebsten trägt er ein ____________ (5) T-Shirt. Er ____________ (6) Farben und malt gerne. Er ____________ (7) Künstler werden. Er ist sehr ____________ (8).

4 Aus dem Schulleben erzählen ___/3 Punkte

Bilde Wörter aus den Buchstaben und ergänz die Sätze.

1. Am Ende vom Schuljahr bekommen wir ein (gueZsin) ____________ mit Noten.
2. In der 8. Klasse muss ich sehr viel lernen. Ich muss sehr (ßeiglif) ____________ sein.
3. Am Ende von der Schule haben wir eine (fürgPun) ____________. Sie heißt Abitur.

5 Grammatik: Adjektivendungen im Dativ. Ergänz die richtigen Endungen. ___/4 Punkte

1. Ich bin jetzt in der acht_____ Klasse. Wir haben jetzt Chemie bei einer nett_____ Lehrerin.
2. In den lang_____ Sommerferien fahre ich mit meinem best_____ Freund nach Spanien.

Punkte insgesamt: ________ /25

81 ### Seite 72 und 73

die Demo, -s
das Festival, -s
letzte Woche
vor drei Tagen
vorgestern
gestern
heute
morgen
übermorgen
nächsten Sonntag
das Datum *(nur Sg.)*

82 ### Seite 74 und 75

bekannt
die Stimme, -n
sich engagieren, engagiert sich, hat sich engagiert
der Klimaschutz *(nur Sg.)*
das Thema, -en
geboren – gestorben
die Karriere, -n
der Klimaaktivist, -en
die Klimaaktivistin, -en
besonders
international
der Politiker, –,
die Politikerin, -nen
der Veganer, –,
die Veganerin, -nen
das Jahr, -e

83 ### Seite 76 und 77

der Anfang, "-e
der Kindergarten, "–
heraus/raus
die Prüfung, -en
Theater spielen
der Pausenhof, "-e
der Raum, "-e
die Aula, -en, -s
die Sporthalle, -n
der Schulausflug, "-e
die Klassenfahrt, -en
die Abschlussfeier, -n
der Austausch *(nur Sg.)*

84 ### Seite 78 und 79

das Erdgeschoss *(nur Sg.)*
verabredet
die Minute, -n
anbrüllen, brüllt ... an, hat angebrüllt
heulen, heult, hat geheult
frisch
die Stunde, -n
niemand – jemand
bellen, bellt, hat gebellt
hinunter/runter
aufmachen, macht ... auf, hat aufgemacht
(sich) verstecken, versteckt (sich), hat (sich) versteckt
zurückkommen, kommt ... zurück, ist zurückgekommen
abschließen, schließt ... ab, hat abgeschlossen
(sich) umziehen, zieht (sich) um, hat (sich) umgezogen
schmutzig
lieben, liebt, hat geliebt

85 ### Zeitangaben

die Sekunde	der Monat	vorgestern
die Minute	das Jahr	gestern
die Stunde	das Wochenende	heute
der Tag		morgen
die Woche		übermorgen

letztes Jahr	nächstes Jahr
letzten Monat	nächsten Monat
letzte Woche	nächste Woche
letzten Sonntag	nächsten Sonntag

vor einem Jahr	in einem Jahr
vor einem Monat	in einem Monat
vor einer Woche	in einer Woche
vor einer Stunde	in einer Stunde

Fakten & Kurioses

1 Musikstars aus Österreich

a Worum geht es im Songtext von Granada? Lies die Sprechblasen und notier Stichpunkte in dein Heft.

b Hör nun „Summerfieber“ im Internet. Was verstehst du jetzt? Ergänz weitere Stichpunkte.

c Im Songtext gibt es Wörter aus verschiedenen Sprachen. Schreib die Tabelle in dein Heft und ergänz weitere Wörter wie im Beispiel.

Österreichisches Deutsch	Englisch	Italienisch
da – der (die, das)	summer –	Napoli – Neapel
I –	sun –	autostrada –
noch –	Rayban – Brillenmarke	Cinquecento – Name für ein italienisches Auto

d Lies den Kommentar und schreib deine Antwort in dein Heft.

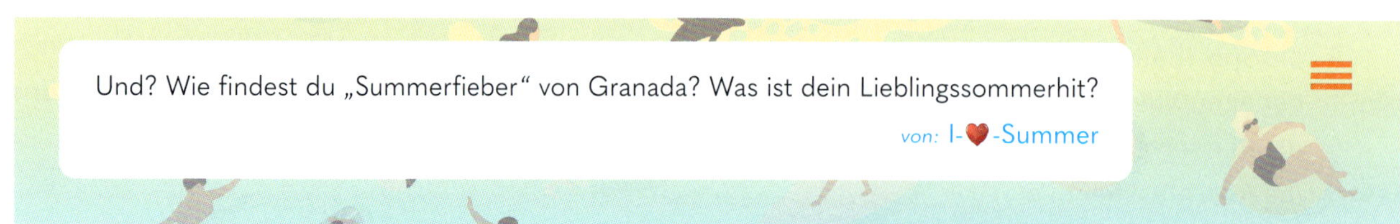

2 Quiz zur deutschen Sprache in Deutschland, Österreich und der Schweiz

a Welche Wörter benutzt man im deutschen Sprachraum? Manchmal gibt es mehrere Möglichkeiten. Kreuz an. Die Seiten 82 bis 85 im Kursbuch helfen.

1. Sie heißen Teutonismen in Deutschland. Es gibt aber auch...
   a) W Austriazismen.
   b) H Helvetismen.
   c) S Hochdeutschismen.

2. Summerfieber ist kein deutsches Wort. Auf Deutsch heißt es ...
   a) O Summerfever.
   b) I Sommerfieber.

3. Jeder ist im Sommer anders unterwegs. Die Leute fahren mit der Straßenbahn. Man kann auch ... sagen.
   a) M Metro
   b) N Tram
   c) T Bim

4. Andere fahren viel mit dem ...
   a) U Fahrrad.
   b) M Bicycle.
   c) A Velo.

5. Viele Leute fahren aber auch mit dem Auto nach Süden. Auf Italienisch fährt man auf der „autostrada“, auf Deutsch auf der ...
   a) I Autobahn.
   b) E Highway.

6. Unterwegs macht man dann eine Pause. Dann gibt es eine ...
   a) S Brotzeit.
   b) R Spuntino.
   c) N Jause.

7. Es gibt ... mit Käse oder Wurst.
   a) S Semmeln
   b) K Brötchen
   c) H Panini

8. Dazu schmecken ... besonders lecker!
   a) I Pomodori
   b) A Paradeiser
   c) U Tomaten

9. Wir wünschen euch:
   a) N Schöne Ferien!
   b) D Einen schönen Urlaub!
   c) T Buone vacanze!

b Notier nun alle Buchstaben <u>ohne Kreuz</u> von 1 bis 9 und finde das Lösungswort.

S								
1	2	3	4	5	6	7	8	9

Große Pause

1 Spiegelschrift

a Kannst du die Wörter lesen? Schreib sie richtig.

1. Schnee — *der* ____________
2. Wetter — *das* ____________
3. Reise — *die* ____________
4. Wald — *der* ____________
5. Freund — *der* ____________

Ferien

86 **b Hör drei Wörter rückwärts. Schreib die Wörter richtig unter die Fotos.**

1 *das* ____________ 2 *die* ____________ 3 *der* ____________

2 Wie heißt das Mädchen?

Ergänz das passende Adjektiv im Komparativ und notier die Lösung.

faul • gern • jung • kreativ • viel

Wie heiße ich? Mein Name ist türkisch und hat die Bedeutung „Freundschaft".

1. Mein Freund ist drei Tage _ _[1] _ _ _ _ _ als ich.
2. In der Schule mache ich _[2] _ _ _ _ _ Musik als Sport.
3. Ich bin leider nicht so fleißig. Ich bin _[3] _ _ _ _ _ als mein Bruder.
4. Ich bekomme _ _[4] _ _ Taschengeld als meine beste Freundin.
5. Ich habe immer viele Ideen. Ich bin _ _ _ _ _[5] _ _ _ _ als viele andere.

Das Mädchen heißt _[1] _[2] _[3] _[4] _[5].

3 Wortsalat

a Die Komposita sind durcheinander. Schreib die Wörter richtig in dein Heft und ergänz die Artikel.

1 ~~Käse~~eis, Nudel~~brötchen~~, Schokoladensalat

2 Winterbrille, Sonnenring, Ohrstiefel

3 Sommerplan, Stundensprache, Fremdferien

4 Tischbad, Volleytennis, Schwimmball

5 Bahnzeug, Jugendhof, Flughotel

6 Videomaschine, Fotostreaming, Suchapparat

7 Autopfleger, Krankenärztin, Tiermechaniker

8 Büchertisch, Schreibkorb, Papierregal

1. das Käsebrötchen
der …
das …

b **Ordne nun jeder Gruppe aus a die passende Überschrift zu.**

BERUFE • MEDIEN/TECHNIK • MODE • SCHULE • REISEN • ~~ESSEN~~ • FREIZEIT/SPORT • ZIMMER

1. ESSEN
das Käsebrötchen
der ...
das ...

4 Großes Durcheinander im Text

Lies den Text. Acht Wörter stehen an der falschen Stelle. Korrigier.

Heute Morgen bin ich zu spät aufgestanden. Mist! Ich hatte keine *Durchsage* für mein Frühstück und habe nur ganz schnell ein bisschen ~~*Zeit*~~ getrunken. Dann bin ich zur *Schultasche* gerannt. Glück gehabt! Der Bus hatte auch *Angst*. In der Schule habe ich meinen Freund Ilkay getroffen. Er musste noch die Matheaufgaben machen. Da habe ich gesehen, dass mein Matheheft nicht in meiner *Schulglocke* war. Mist! Ich wollte mit Ilkay zusammen die Hausaufgaben noch einmal machen, aber da hat die *Verspätung* schon geklingelt. Wir hatten keine Mathehausaufgaben. Vor der Mathestunde hatten wir *Tee*. Aber plötzlich haben wir eine *Bushaltestelle* von unserem Direktor gehört: „Heute ist es sehr heiß, mehr als 35 Grad. Heute ist hitzefrei. Der Unterricht endet nach der vierten Stunde." Glück gehabt. Wir haben keinen Matheunterricht heute. Wir können ins Schwimmbad gehen. Super!

1. *Zeit* ____________
2. ____________
3. ____________
4. ____________
5. ____________
6. ____________
7. ____________
8. ____________

Der vorliegende Test prüft alle Lerninhalte aus dem Teilband *prima aktiv A2.1*. Er kann zur Selbstkontrolle als Abschlusstest zum Teilband A2.1 dienen. Der Testablauf und die Aufgabentypen sind stark angelehnt an *Fit in Deutsch 2* des Goethe-Instituts. Der Test dient daher der Prüfungsvorbereitung auf *Fit in Deutsch 2*. Ein Modelltest *Fit in Deutsch 2* befindet sich im Arbeitsbuch des Teilbandes *prima aktiv A2.2*.

Lesen

Der Teil Lesen hat vier Teile.

Teil 1

Du liest in einer Schülerzeitung diesen Text. Wähle für die Aufgaben 1 bis 5 die richtige Lösung a, b oder c.

Tipp
- Lies zuerst die Aufgaben 1 bis 5.
- Markiere wichtige Wörter.
- Lies den Artikel und wähle eine Antwort aus.
- Nur eine Antwort ist richtig.

Schülerpraktikum

Für das Praktikum in der 8. oder 9. Klasse müssen die Schülerinnen und Schüler einen Praktikumsplatz finden und dort eine Woche arbeiten. Hier sind ein paar Informationen und Tipps.

Viele Schulen haben Informationen über Praktikumsplätze, wo ältere Schüler und Schülerinnen früher ihr Praktikum gemacht haben. Frag sie. Sie erzählen bestimmt gern und geben dir Tipps. Du kannst aber auch im Internet suchen. Dort findest du auch viele Informationen.

Frage dich: Was macht dir Spaß? Welches Fach magst du? Wichtig ist, dass du einen Beruf kennenlernen kannst. Viele Jugendliche finden in dem Praktikum ihren Traumberuf. Schau auch bei dir in der Nähe nach einem Praktikum. Dann musst du nicht so früh aufstehen.

Wenn du schon einen Ort ausgewählt hast, kannst du dort anrufen und nach einem freien Schülerpraktikum fragen. Oder du schreibst einfach eine E-Mail. Vielleicht arbeitet auch jemand aus deiner Familie dort? Dann frag einfach!

Du hast schon ein Praktikum? Perfekt! Was ist am ersten Arbeitstag wichtig? Du musst pünktlich sein und fleißig lernen. Zeig, dass du die Arbeit interessant findest. Dann wird dein Praktikum super!

1. Der Artikel ...
   - a) erklärt die Arbeit an einer Schule.
   - b) gibt Tipps für das Schülerpraktikum.
   - c) informiert über die Klassen 8 bis 10.
2. Einen Praktikumsplatz ...
   - a) bekommt man von der Schule.
   - b) sucht der Lehrer für seine Schüler.
   - c) muss man selbst finden.
3. Mehr Informationen findet man ...
   - a) im Internet.
   - b) in der Zeitung.
   - c) am Schwarzen Brett.
4. Für einen Praktikumsplatz ...
   - a) braucht man Freunde.
   - b) kann man anrufen oder eine E-Mail schreiben.
   - c) braucht man gute Noten.
5. Man soll zeigen, dass man ...
   - a) arbeiten kann.
   - b) intelligent ist.
   - c) lernen will.

Teil 2

Du bist auf einer Veranstaltung und liest das Programm. Lies die Aufgaben 6 bis 10 und den Text. Welcher Ort passt? Wähle die richtige Lösung a, b oder c.

Tipp

- Lies zuerst die Aufgaben 6 bis 10.
- Lies dann das Programm genau.
- Wähle eine Antwort aus.
- Nur eine Antwort ist richtig.

6. Du willst Fotos machen.
   - [ ] a) Aula
   - [ ] b) Klassenzimmer 110
   - [ ] c) Klassenzimmer 210

7. Du hast Hunger.
   - [ ] a) Sporthalle
   - [ ] b) Aula
   - [ ] c) Pausenhof

8. Du willst Sport machen.
   - [ ] a) Sporthalle
   - [ ] b) Pausenhof
   - [ ] c) Aula

9. Du willst Informationen über die AGs.
   - [ ] a) Klassenzimmer 210
   - [ ] b) Klassenzimmer 110
   - [ ] c) Pausenhof

10. Du magst Musik.
   - [ ] a) Sporthalle
   - [ ] b) Klassenzimmer 110
   - [ ] c) Aula

Schulfest
Georg-Schumann-Schule

PROGRAMM

Aula

10:00 – 10:30	Begrüßung
10:30 – 18:00	Ausstellung „Unsere Ausflüge“
18:00 – 19:00	Live-Konzert von unserer Schulband *primaPop*

Klassenzimmer 110

13:00 – 14:00	Bitte lächeln! Fotografieren lernen mit Henry
15:00 – 17:00	Fremdsprachen? Andere Sprachen kennenlernen

Klassenzimmer 210

12:00 – 14:00	Flohmarkt: Bücher, Comics und mehr
14:00 – 15:00	Informationen zum Schüleraustausch
15:00 – 16:00	Videos von der Projektwoche in Hamburg

Sporthalle

11:00 – 12:00	Fit für Sport? Übungen mit dem Ball
12:00 – 16:00	Basketballturnier
16:00 – 18:00	„Mein Weg“ – ein Theaterstück der Klasse 6 A

Pausenhof: 10:00–18:00

Café	Kaffee und Kuchen für unsere Gäste
Kreativecke	T-Shirts bemalen
Infostand	Mach mit! Die AGs stellen sich vor!

Teil 3

Du liest eine E-Mail. Wähle für die Aufgaben 11 bis 15 die richtige Lösung a, b oder c.

- In diesem Teil liest du eine längere E-Mail.
- Lies zuerst die E-Mail.
- Lies danach die Fragen 11 bis 15 und unterstreiche wichtige Wörter.
- Suche dann die Antworten im Text.
- Nur eine Antwort ist richtig.

Betreff: Sommerferien

Hi Martin,

wie geht es dir? Ich habe dir seit fünf Wochen nicht geschrieben. Es tut mir leid, aber ich war krank. Im Mai war ich vierzehn Tage im Krankenhaus, weil ich starke Bauchschmerzen hatte. Danach bin ich noch eine Woche zu Hause geblieben. Jetzt bin ich aber wieder fit und kann mit dem Fahrrad zur Schule fahren. Ab morgen gehe ich dann auch wieder zum Fußballtraining. In zwei Wochen spielt unser Team in München und ich möchte mitspielen.

Was machst du in den Sommerferien? Ich habe eine tolle Idee! Meine Eltern und ich wollen auf einen Zeltplatz in Spanien fahren. Wir waren schon zweimal dort. Willst du mitkommen? Wir fahren am 20.6. los und kommen am 5.7. zurück. Ich habe meine Eltern schon gefragt und sie haben sofort ja gesagt. Fragst du deine Eltern? Wir nehmen auch ein Zelt für uns mit. Und der Zeltplatz ist direkt am Strand. Wir können am Strand chillen, schwimmen und Surfen lernen. Meine Eltern wollen den ganzen Tag Fahrrad fahren und Ausflüge machen, aber das finde ich langweilig. Ich bin lieber mit dir am Strand. Also, kommst du mit?

Bis bald
Adrian

11. Warum hat Adrian lange nicht geschrieben?
    - a) Er war im Urlaub.
    - b) Er war krank.
    - c) Er hat viel Fußball gespielt.

12. Wie lange war Adrian im Krankenhaus?
    - a) Er war zwei Wochen im Krankenhaus.
    - b) Er war eine Woche im Krankenhaus.
    - c) Er war fünf Wochen im Krankenhaus.

13. Warum schreibt Adrian die E-Mail?
    - a) Er möchte mit Martin Fußball spielen.
    - b) Er möchte Martin besuchen.
    - c) Er möchte, dass Martin mit ihm in den Urlaub fährt.

14. Was sagen die Eltern von Adrian zu der Idee?
    - a) Sie finden die Idee gut.
    - b) Sie möchten mit Martin sprechen.
    - c) Sie finden die Idee schlecht.

15. Was möchte Adrian im Urlaub machen?
    - a) Er möchte Ausflüge machen.
    - b) Er möchte chillen und surfen.
    - c) Er möchte Fahrrad fahren.

Teil 4

Fünf Jugendliche suchen auf der Webseite ihrer Schule eine interessante Ferienaktivität. Lies die Aufgaben 16 bis 20 und die Anzeigen a bis f.

Welche Anzeige passt zu welcher Person? Für eine Aufgabe gibt es keine Lösung. Markiere so X**.**

Tipp
- Lies zuerst die Aufgaben 16 bis 20.
- Unterstreiche wichtige Wörter.
- Lies die Ferienaktivitäten schnell und suche ähnliche Wörter.
- Ordne jeden Buchstaben einer Nummer zu.

16. ☐ Leo lernt gern und hilft oft anderen Schülerinnen und Schülern.
17. ☐ Alma schreibt und plant gern.
18. ☐ Finn macht gern Videos.
19. ☐ Pedro fotografiert gern und möchte bei einem Projekt mitmachen.
20. ☐ Jana lernt gern Sprachen und mag Französisch.

primablogspot.de

Alfred-Nobel-Schule Kiel

Startseite | Unsere Schule | Termine | **Ferienaktivitäten**

AGs, Projekte und mehr

A **Mehr Farbe!** Die Schule wird schöner. Wir, die Klasse 7 B, haben eine Schul-AG. Wir wollen mit euch die Schule schöner und bunter machen. Mehr Farbe – weniger Weiß und Grau! Wer macht mit? Nächstes Treffen: 20.06., 16 Uhr, Raum 13.

B **Spiel mit!** Vor den Ferien möchten wir „Das Haustier" von Maren Swijak auf der Bühne spielen. Wir suchen noch Schauspielerinnen und Schauspieler. Hast du Lust? Komm zu uns! Wir treffen uns immer mittwochs um 15 Uhr im Raum 12.

C **Wir brauchen dich!** Wir sind vier Mädchen und drei Jungen. Wir möchten Schülerinnen und Schülern beim Lernen helfen. Wir treffen uns im Juni und planen das nächste Schuljahr. Möchtest du mitmachen? Schreib uns eine Mail an: wirfüreuch@beispiel.de.

D **50 Jahre Alfred-Nobel-Schule**
Unsere Schule wird im Oktober 50 Jahre alt. Deshalb wollen wir ein Schulfest organisieren. Wir suchen Schülerinnen und Schüler ab Klasse 7. Helft ihr uns? Wir planen das Programm und schreiben Einladungen. Erstes Treffen: 22. Juni, 14 Uhr, Raum 33.

E **Wer kann mir helfen?** Ich bin neu hier und habe in meiner alten Schule kein Französisch gelernt. Hilft mir jemand beim Lernen? Hat jemand Zeit und Lust? Ich bin gut in Mathe und esse gern Eis! Ich lade dich zum Eis ein. Ruf mich an: 0162 20 84 453.

F **Lust auf Bilder?** Die Fotogruppe sucht noch Mitglieder. Wir sind sieben Schülerinnen und Schüler aus der 8. und 9. Klasse. Wir möchten ein Projekt für jüngere Schülerinnen und Schüler machen und eine Ausstellung beim Schulfest organisieren. Wer hat Lust? Schreibt uns: fotoistcool@beispiel.de.

Sprechen

Der Teil Sprechen hat drei Teile.

Teil 1

Fragen zu Person. Du bekommst vier Karten und stellst mit diesen Karten vier Fragen. Dein Partner / Deine Partnerin antwortet. Dann stellt dein Partner / deine Partnerin vier Fragen und du antwortest.

Tipp

- Lies die Aufgabe.
- Denke an die W-Fragen: Wo? Was? Wann? Wer? Wie?
- Formuliere eine Frage. Du kannst auch Ja-/ Nein-Fragen stellen.
- Die Frage muss zu Wort und Thema passen.
- Beantworte die Fragen von deinem Partner / deiner Partnerin in ganzen Sätzen.

Geschwister? Lieblingsfach? Wohnort? Sprachen?

Mit Sprechen Teil 2 geht es auf Seite 78 weiter.

Hören

Der Teil Hören hat vier Teile.

Teil 1

87 **Du hörst fünf kurze Texte. Du hörst jeden Text zweimal. Wähle für die Aufgaben 1 bis 5 die richtige Lösung a, b oder c.**

Tipp

- Lies zuerst die Aufgaben 1 bis 5.
- Unterstreiche wichtige Wörter.
- Höre die Texte einmal.
- Wähle eine Antwort aus.
- Höre zum zweiten Mal.
- Kontrolliere deine Antworten.

1. Emma möchte ...
   - a) Hanna die Physikaufgaben erklären.
   - b) eine gute Note in Physik schreiben.
   - c) schnell die Matheaufgaben machen.

2. Lukas möchte ...
   - a) Lina besuchen.
   - b) mit Lina kochen.
   - c) Lina einladen.

3. Wann bekommst du Infos über die Theater-AG?
   - a) Heute um 14:30 Uhr.
   - b) Morgen um 13:30 Uhr.
   - c) Heute um 13:30 Uhr.

4. Was möchte der Mann vom Schulradio hören?
   - a) Eine Geschichte über die Ferien.
   - b) Eine Geschichte über einen Ausflug.
   - c) Pläne für die Ferien.

5. Wie ist das Wetter am letzten Schultag?
   - a) Es ist kalt und es regnet.
   - b) Es ist bewölkt und windig.
   - c) Es ist warm und sonnig.

Teil 2

88 Du hörst ein Gespräch. Du hörst den Text einmal.
Was haben Ben, Jana und ihre Freunde in den Weihnachtsferien gemacht?
Wähle für die Aufgaben 6 bis 10 ein passendes Bild aus A bis I.

Tipp
- Schaue die Bilder an.
- Höre die Nachricht einmal.
- Schreibe zu den Personen 6 bis 10 einen Buchstaben.
- Jeder Buchstabe passt nur einmal.
- Nicht alle Buchstaben passen.

6. ☐ Ben 7. ☐ Jana 8. ☐ Lars 9. ☐ Malaika 10. ☐ Philipp

Teil 3

89 Du hörst fünf kurze Gespräche. Du hörst jeden Text einmal.
Wähle für die Aufgaben 11 bis 15 die richtige Lösung A, B oder C.

Tipp
- Lies zuerst die Aufgabe und die Fragen 11 bis 15.
- Schau die Bilder genau an, denn du hörst alle Wörter für die Bilder in den Gesprächen.
- Höre die Gespräche einmal.
- Nur eine Antwort ist richtig.

11. Welche Hose kauft der Junge?

12. Was hat der Junge zum Essen und Trinken gekauft?

13. Welches Musikinstrument spielt Kira am liebsten?

14. Welches Hobby mag das Mädchen am liebsten?

15. Was will der Junge im Sommer machen?

Teil 4

90 Du hörst ein Interview. Du hörst den Text zweimal.
Wähle für die Aufgaben 16 bis 20 Ja oder Nein.

Tipp
- Lies zuerst die Sätze 16 bis 20.
- Markiere wichtige Wörter.
- Höre das Interview einmal.
- Wähle eine Antwort und hör noch einmal zur Kontrolle.

Lies jetzt die Aufgaben.

16. Noa liest den Kindern in Kindergärten vor. ☐ Ja ☐ Nein
17. Er hat ein Praktikum in einem Kindergarten gemacht. ☐ Ja ☐ Nein
18. Noa bekommt für das Lesen Geld. ☐ Ja ☐ Nein
19. Noa liest aus mehreren Büchern vor. ☐ Ja ☐ Nein
20. Er findet den Beruf Erzieher interessant. ☐ Ja ☐ Nein

Schreiben

Der Teil Schreiben hat zwei Teile.

Tipp
- Lies die Aufgabe ganz genau.
- Schreibe eine Nachricht zu allen Punkten.
- Denke auch an Begrüßung und Abschied.
- Lies deinen Text am Ende noch einmal zur Kontrolle.

Teil 1

Du bist mit deinen Eltern im Urlaub und schreibst deinem Freund Luis eine Nachricht.

- Schreibe, wie es dir geht und wie der Urlaub ist.
- Schreibe: Was machst du gerade?
- Frage Luis, was er macht.

Schreibe 20 bis 30 Wörter.
Schreibe zu allen drei Punkten.

Teil 2

Deine Freundin Eleni macht eine Geburtstagsparty. Die Party findet in Elenis Sportverein statt. Sie lädt dich ein, aber sie braucht auch deine Hilfe.

- Sage danke und sage, dass du kommst.
- Informiere sie, wie du helfen willst.
- Frage nach dem Weg.

Schreibe 30 bis 40 Wörter.
Schreibe zu allen drei Punkten.

- Lies die Aufgabe ganz genau.
- Schreibe eine Antwort zu allen Punkten.
- Denke auch an Begrüßung und Abschied.
- Lies deinen Text am Ende noch einmal zur Kontrolle.

Sprechen

Teil 2

Du bekommst eine Karte und erzählst etwas über dein Leben.

- Lies die Frage und die Wörter.
- Überlege dir zu jedem Punkt mindestens eine Information.
- Antworte in kurzen Sätzen, aber mit mehr als nur *Ja* oder *Nein*.

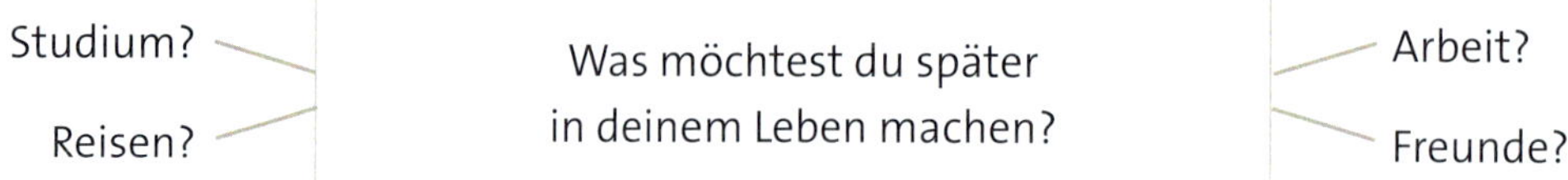

Sprechen Teil 3 übst du im Modelltest in *prima aktiv A2.2*.

Verben im Präsens

Modalverben: *dürfen* und *sollen*

Singular	ich	darf	soll	**Plural**	wir	dürfen	sollen
	du	darfst	sollst		ihr	dürft	sollt
	er/es/sie/man	darf	soll		sie/Sie	dürfen	sollen

	Position 2		**Ende**	
Ich	darf	in meiner Schule das Handy	benutzen.	
Man	darf	andere Leute nicht	beleidigen.	
Tarik	soll	seine Hausaufgaben	machen.	(Das sagt die Lehrerin.)
Jan	soll	die Spülmaschine	ausräumen.	(Das sagt der Vater.)

Reflexive Verben

Singular	ich	ärgere mich	**Plural**	wir	ärgern uns
	du	ärgerst dich		ihr	ärgert euch
	er/es/sie/man	ärgert sich		sie/Sie	ärgern sich

Ebenso: sich freuen, sich gut/schlecht fühlen, sich wohlfühlen, sich beeilen, sich streiten, sich entschuldigen, sich vertragen, sich langweilen, sich aufregen, sich ausruhen, sich verstehen, sich kümmern, sich engagieren, sich umziehen, sich kennen, sich kennenlernen

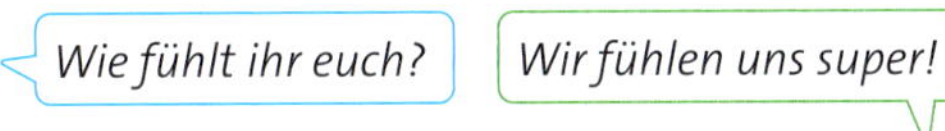

Regel
Reflexive Verben bilden das Perfekt immer mit *haben*.

Verben in der Vergangenheit

Perfekt: Satzklammer

	Position 2 ***haben/sein* konjugiert**		**Ende** **Partizip Perfekt**
In Zürich	habe	ich die anderen	getroffen.
Wir	haben	am Lagerfeuer	gechillt.
Wir	sind	mit der Jungfrau-Bahn	gefahren.
Wir	sind	in einem See	geschwommen.

Perfekt mit *haben* und *sein*

Was	habt	ihr	gemacht?
Wir	haben	am Lagerfeuer	gechillt.
Abends	haben	wir Kartoffelsalat	gegessen.

Regel
Die meisten Verben bilden das Perfekt mit dem Hilfsverb *haben*.

Wohin	seid	ihr	gelaufen?
Wir	sind	zum Restaurant	gegangen.
Mein Bruder	ist	zu spät	gekommen.

A → B

Regel

Verben mit Positionsveränderung (von A nach B) bilden das Perfekt mit *sein*.

Verben mit Positionsveränderung: gehen, kommen, fahren, fliegen, laufen, klettern, schwimmen ...
Auch die Verben *bleiben*, *passieren* und *sein* bilden das Perfekt mit *sein*: *ich bin geblieben, es ist passiert, ich bin gewesen.*

Verbformen: Partizip Perfekt

Trennbare Verben: regelmäßig

Infinitiv	Präsens	Partizip Perfekt
einkaufen	er/sie kauft ein	er/sie hat eingekauft

Ebenso: abholen, anmachen, anschalten, aufhören, aufmachen, aufpassen, aufräumen, sich aufregen, ausmachen, einkaufen, einpacken, hinlegen, mitmachen, vorstellen, sich wohlfühlen ...

Trennbare Verben: unregelmäßig

Infinitiv	Präsens	Partizip Perfekt
mitkommen	er/sie kommt mit	er/sie ist mitgekommen

Ebenso: aussehen, rausgehen, wehtun, zurückgeben, zurückkommen ...

Regel

Trennbare Verben haben das *-ge-* in der Mitte.

Nicht-trennbare Verben mit den Vorsilben *ver-*, *er-*, *be-*: regelmäßig

Infinitiv	Präsens	Partizip Perfekt
verkaufen	er/sie verkauft	er/sie hat verkauft

Ebenso: sich beeilen, begrüßen, berichten, besichtigen, besuchen, bezahlen, erklären, erlauben, verbessern, verdienen, vermissen, vermuten, verreisen, verstecken, versuchen ...

Nicht-trennbare Verben mit den Vorsilben *ver-*, *er-*, *be-*: unregelmäßig

Infinitiv	Präsens	Partizip Perfekt
beginnen	er/sie beginnt	er/sie hat begonnen

Ebenso: beginnen, verlieren, verraten, verstehen ...

Regel

Nicht-trennbare Verben haben im Partizip Perfekt kein *-ge-*.

Verben auf *-ieren*

Infinitiv	Präsens	Partizip Perfekt
fotografieren	er/sie fotografiert	er/sie hat fotografiert
passieren	es passiert	es ist passiert

Ebenso: ausprobieren, buchstabieren, (sich) interessieren, organisieren, präsentieren ...

Regel

Verben auf *-ieren* haben im Partizip Perfekt kein *ge-*.

Modalverben im Präteritum

ich	konnte	musste	wollte	durfte	sollte*
du	konntest	musstest	wolltest	durftest	solltest
er/es/sie/man	konnte	musste	wollte	durfte	sollte
wir	konnten	mussten	wollten	durften	sollten
ihr	konntet	musstet	wolltet	durftet	solltet
sie/Sie	konnten	mussten	wollten	durften	sollten

Bei den Modalverben benutzt man in der Vergangenheit fast immer das Präteritum.

Emil wollte im Praktikum den Beruf Grundschullehrer besser kennenlernen.
Er konnte den Kindern beim Basteln helfen.

* *Sollen* in der Vergangenheit lernst du in *prima aktiv A2.2* kennen.

Artikel

Possessivartikel

Singular		Plural	
ich	mein, meine	wir	unser, unsere
du	dein, deine	ihr	euer, eure
er	sein, seine	sie	ihr, ihre
es	sein, seine	Sie	Ihr, Ihre
sie	ihr, ihre		

Sie hat ihre Tante besucht.

Er ist in den Ferien zu seinen Großeltern gefahren.

Regel
Die Possessivartikel haben dieselben Endungen wie *kein*.

Artikel: Zusammenfassung

	maskulin		neutrum		feminin		Plural	
Nominativ	der	Bruder	das	Fahrrad	die	Schwester	die	Freunde
	ein/kein	Bruder	ein/kein	Fahrrad	eine/keine	Schwester	—/keine	Freunde
	mein	Bruder	mein	Fahrrad	meine	Schwester	meine	Freunde
Akkusativ	den	Bruder	wie Nominativ					
	einen	Bruder						
	meinen	Bruder						
Dativ	dem	Bruder	dem	Fahrrad	der	Schwester	den	Freunden
	einem	Bruder	einem	Fahrrad	einer	Schwester	—/keinen	Freunden
	meinem	Bruder	meinem	Fahrrad	meiner	Schwester	meinen	Freunden

Tipp
Im Neutrum, Femininum und Plural sind die Endungen von Nominativ und Akkusativ gleich.

welch- und *jed-*

	maskulin		neutrum		feminin		Plural	
Nominativ	welcher	Schüler	welches	Fach	welche	Schülerin	welche	Freunde
Akkusativ	welchen	Bruder	**wie Nominativ**					
Dativ	welchem	Schüler	welchem	Fach	welcher	Schülerin	welchen	Freunden

Tipp

Im Neutrum, Femininum und Plural sind die Endungen von Nominativ und Akkusativ gleich.

Ebenso: *jed-* (nur Singular)
Jeder Schüler und jede Schülerin hat einen Laptop.

Im Plural benutzt man: *all-*
Nominativ/Akkusativ: *alle*
Dativ: *allen*
Ich mag alle Fächer. Von allen Fächern macht mir Informatik am meisten Spaß.

Adjektive

Komparativformen

regelmäßig	sportlich	sportlicher
	ruhig	ruhiger
	klein	klein

regelmäßig mit Umlaut	alt	älter
	groß	größer
	jung	jünger
	hoch	! höher

Es gibt nur drei unregelmäßige Adjektive: gern – lieber, gut – besser, viel – mehr
Siehe auch Seite 83: Vergleiche.

Adjektive vor dem Nomen

Singular	der Hund	das Spiel	die Mütze
Nominativ	der kleine Hund	das neue Spiel	die gelbe Mütze
Das ist ...	ein kleiner Hund	ein neues Spiel	eine gelbe Mütze
	kein kleiner Hund	kein neues Spiel	keine gelbe Mütze
	mein kleiner Hund	mein neues Spiel	meine gelbe Mütze
Akkusativ	den kleinen Hund		
Ich mag ...	einen kleinen Hund		
	keinen kleinen Hund		
	meinen kleinen Hund		
Plural (Nominativ und Akkusativ)	die blauen Haare		
	blaue Haare		
	keine blauen Haare		
	meine blauen Haare		

Regel

Adjektive vor einem Nomen haben immer eine Endung, mindestens ein *-e*, manchmal auch *-en*, *-er* oder *-es*.

Adjektive ohne Nomen haben keine Endung:
Die Haare sind cool.

Tipp

Der Dativ ist einfach: Immer *-en* am Ende!

Pronomen

Personalpronomen im Dativ

ich	Hilfst du	mir?		wir	Helft ihr	uns?
du	Ich helfe	dir.		ihr	Wir helfen	euch.
er/es	Ich helfe	ihm.		sie	Ich helfe	ihnen.
sie	Ich helfe	ihr.		Sie	Ich helfe	Ihnen.

In Deutschland ist die Note 1 sehr gut, bei uns ist die Note 1 sehr schlecht.

Wie geht es dir, Emma?

Mir geht es super.

Ich mag meine Großeltern. In den Ferien fahre ich immer zu ihnen.

Und wie schmeckt euch das Essen?

Uns schmeckt es immer gut.

Wortbildung

Ordinalzahlen

1.	der/das/die	erste
2.		zweite
3.		dritte
4.		vierte
5.		fünfte
6.		sechste
7.		siebte
8.		achte
		...
19.		neunzehnte
20.		zwanzigste
21.		einundzwanzigste
100.		hundertste
1000.		tausendste

Regel

Bis 19 ist die Endung immer *-te*.
Ab 20 ist die Endung immer *-ste*.

Tipp

Nach *am* bekommt die Ordinalzahl ein *-n*.

Die Wörter im Satz

Vergleiche

Adjektiv im Komparativ + *als*	Meine Freundin ist größer als ich.
genauso ... wie	Sie ist genauso alt wie ich.
gleich ... (wie)	Wir sind gleich alt.
nicht so ... wie	Aber sie ist nicht so sportlich wie ich.

Siehe auch Seite 82: Komparativformen.

Grammatik im Überblick

Hauptsatz und Nebensatz

Regel
Im Nebensatz steht das konjugierte Verb am Ende.

Hauptsatz	Nebensatz Konjunktion		konjugiertes Verb am Ende
Jonas sagt,	dass	er drei Kinder haben	möchte.
Er ist immer müde,	weil	er früh	aufsteht.
Sani Lawan ist Tierarzt,	weil	er schon als Kind Tiere geliebt	hat.
Ich spiele Fußball,	wenn	ich nach Hause	komme.

Nebensatz vor dem Hauptsatz

Position 1: Nebensatz	Position 2: Verb	
Wenn ich nach Hause komme,	spiele	ich Fußball.
Dass du mir hilfst,	finde	ich toll.

Regel
Wenn der Nebensatz vor dem Hauptsatz steht, steht im Hauptsatz das konjugierte Verb am Anfang.

Satzstrukturen

	Position 1	Position 2	
ein Wort	Wann	stehst	du auf?
	Ich	stehe	immer um sieben Uhr auf.
mehrere Wörter	Gestern Nachmittag	haben	wir Sportschuhe gekauft.
Nebensatz	Wenn wir Zeit haben,	gehen	wir ins Kino.

Tipp
Auf Position 1 können ein Wort, mehrere Wörter oder auch ein Nebensatz stehen.

Verben mit Akkusativ

Ich habe (+ A) meinen Bruder gesehen. Frage: **Wen** hast du gesehen?
Er trinkt (+ A) einen Kaffee. Frage: **Was** trinkt er?

Sehr viele Verben haben den Akkusativ: brauchen, haben, hören, lesen, lernen, sehen, schreiben, trinken, vergessen, wissen, zahlen …

Regel
Nach dem Akkusativ fragt man mit *wen* oder *was*.

Verben mit Dativ

Er hilft (+ D) seinem Freund. Frage: **Wem** hilft er?
Die Hose passt (+ D) meiner Freundin gut. Frage: **Wem** passt die Hose gut?

Nur wenige Verben haben den Dativ:
gefallen, gratulieren, helfen, passen, schmecken …

Regel
Nach dem Dativ fragt man mit *wem*.

Ein Verb mit Nominativ: *sein*

Wir sind wirklich gute Freunde.

Er ist ein treuer Freund.

Regel
Das Verb *sein* hat zwei Nominative: das Subjekt und die Ergänzung.

Teste dich! 1

1 Sagen, wie die Ferien waren

1. entspannt, Eltern – 2. allein / Voll cool! – 3. meinen / Da war nichts los.

2 Das Wetter beschreiben

1c – 2a – 3b

3 Von Ferienerlebnissen erzählen

1. e) – 2. d) – 3. c) – 4. a) – 5. f) – 6. b)

4 Vermutungen äußern

Zum Beispiel: Ich glaube, der Bruder von Emma wandert nicht gern. – Vielleicht ist der Bruder noch klein. – Bestimmt wandert Emma gern. – Ich vermute, die Tante wandert auch gern.

5 Grammatik

1. Ich bin mit meiner Freundin am Strand gewesen. – 2. Paul ist mit seinen Eltern nach Italien geflogen. – 3. Hans ist mit seinem Hund im See geschwommen.

Teste dich! 2

1 Über Pläne, Hoffnungen und Wünsche sprechen

1. will, zusammen – 2. In zehn Jahren, berühmt – 3. möchten, hoffen – 4. werden, bestimmt

2 Über Berufe sprechen

1. arbeitet draußen – 2. trägt eine Uniform – 3. steht auf der Bühne – 4. repariert Maschinen

3 Von ersten Berufserfahrungen berichten

Zum Beispiel: 1. ... in der Bäckerei helfen / Brot backen / dem Bäcker helfen. – 2. ... repariere (kaputte) Fahrräder (in einer Werkstatt). – 3. ... (oft) als Babysitter gearbeitet.

4 Gefühle äußern

1. d) – 2. c) – 3. a) – 4. b)

5 Grammatik

1. Er konnte heute nicht singen, weil er krank ist. – 2. Meine Eltern sind müde, weil sie bis 20 Uhr arbeiten mussten. – 3. Ich vermute, dass mein Team am Samstag spielt / am Samstag mein Team spielt.

Teste dich! 3

1 Eine Geschichte erzählen

1. f) – 2. d) – 3. a) – 4. e) – 5. c) – 6. b)

2 Um Hilfe bitten und Hilfe anbieten

1. *mir* – 2. *helfen* – 3. *h*elfe – 4. dir – 5. *H*ilfst – 6. uns – 7. *h*elfe – 8. euch – 9. mir – 10. *h*elfen

3 Eigenschaften benennen und vergleichen

Zum Beispiel: 1. Ich finde wichtig, dass meine Freundin sympathisch und intelligent ist. – 2. Ich finde es nicht so wichtig, dass mein Freund romantisch ist.

4 Komplimente machen

1. c) – 2. d) – 3. b) – 4. a)

5 Grammatik

Zum Beispiel: 1. Meine Freundin ist genauso groß wie / nicht so groß wie / größer als ich.
2. Er ist genauso sportlich wie / nicht so sportlich wie / sportlicher als ich.

3. Ich mag Musik genauso gern wie / nicht so gern wie / lieber als Sport.
4. Ich finde Deutsch genauso interessant wie / nicht so interessant wie / interessanter als Mathe.

Teste dich! 4

1 Über Medien sprechen

1. d) – 2. c) – 3. e) – 4. a) – 5. b)

2 Sagen, was passiert, wenn ...

Zum Beispiel: 1. ... ich alle (Leute) kenne. / ... Hans das will. – 2. ... später kommt. / ... nicht pünktlich ist. – 3. ... andere (Leute) beleidigt.

3 Sagen, was man darf und nicht darf

1. – 3.

4 Sagen, was jemand tun soll

1. Ich soll die Fenster schließen. – 2. Frau Sachs soll die Plakate an die Wand hängen. – 3. Du sollst den Müll in den Mülleimer werfen. – 4. Wir alle sollen die Computer ausmachen.

5 Grammatik

Wenn du die Kopfhörer vergessen hast, darfst du mit mir Musik hören. – Du darfst mit mir Musik hören, wenn du die Kopfhörer vergessen hast.

Teste dich! 5

1 Über das Zusammenleben sprechen

1. wichtig – 2. wichtiger als – 3. Es ist wichtig

2 Über Gefühle sprechen

Zum Beispiel: 1. Wenn ich mich ärgere, will ich mit niemandem sprechen. / will ich allein sein. / telefoniere ich mit meiner besten Freundin. – 2. Ich fühle mich gut, wenn ich Sport mache. / wenn ich meine Hausaufgaben gemacht habe. / wenn ich lange schlafen kann.

3 Streiten und Kompromisse finden

1. mach Platz – 2. lüg nicht – 3. Spinnst du – 4. Reg dich nicht so auf

4 Regeln formulieren

1. müssen – 2. müssen – 3. dürfen – 4. darf – 5. muss

5 Grammatik

a 1. b): Welchen Film / jeden Film – 2. c): Welche Farbe / jede Farbe – 3. a): Welches Fach / jedes Fach

b 1. mich – 2. dich – 3. sich – 4. uns – 5. euch – 6. sich

Teste dich! 6

1 Sagen, was mir gefällt

1. Mir gefallen modische Jeans. – 2. Ich finde den roten Mantel super. – 3. Meine Eltern mögen keine grünen Haare.

2 Sachen und Personen beschreiben

1. trägt – 2. gelbe – 3. langen – 4. weiß – 5. warm – 6. trägt – 7. warme – 8. pinke

3 Über Kleidung sprechen und Kleidung kaufen

1. b) – 2. d) – 3. a) – 4. c)

4 Über eine Statistik sprechen

1. b) – 2. c) – 3. a)

5 Grammatik

1. ein cooler Pullover, ein süßes T-Shirt, eine günstige Hose, schöne Schuhe – 2. den coolen Pullover, das süße T-Shirt, die günstige Hose, die schönen Schuhe

Teste dich! 7

1 Über besondere Tage sprechen

1. Für mich ist der 4.9. ein besonderer Tag, weil ich Geburtstag habe. – 2. Dann kommen meine Großeltern zu Besuch und ich bekomme viele Geschenke.

2 Das Datum erfragen und nennen

1. ● Welches Datum ist heute? ■ Der dritte März.
2. ● Wann hat Mila Geburtstag? ■ Am vierten Juni.
3. ● An welchem Tag ist euer Sommerfest? ■ Am zwanzigsten Juli.

3 Personen vorstellen

1. alt – 2. kommt – 3. sieht – 4. kurze – 5. weißes – 6. liebt – 7. will – 8. nett

4 Aus dem Schulleben erzählen

1. Zeugnis – 2. fleißig – 3. Prüfung

5 Grammatik

1. achten, netten – 2. langen, besten

Zwischentest

Lesen

Teil 1 1. b) – 2. c) – 3. a) – 4. b) – 5. c)
Teil 2 6. b) – 7. c) – 8. a) – 9. c) – 10. c)
Teil 3 11. b) – 12. a) – 13. c) – 14. a) – 15. b)
Teil 4 16. c) – 17. d) – 18. x) – 19. f) – 20. e)

Hören

Teil 1 1. b) – 2. c) – 3. c) – 4. a) – 5. b)
Teil 2 6. D – 7. B – 8. I – 9. F – 10. G
Teil 3 11. A – 12. B – 13. B – 14. C – 15. A
Teil 4 16. Ja – 17. Nein – 18. Ja – 19. Nein – 20. Ja

Sprechen

Teil 1 *Zum Beispiel:* Hast du Geschwister? – Wo wohnst du? – Welche Sprachen sprichst du? – Was ist dein Lieblingsfach?

Schreiben

Teil 1 *Zum Beispiel:*
Hi Luis,
wie geht es dir? Meine Eltern und ich sind in Spanien. Ich surfe jeden Tag. Surfen ist cool! Das Wetter ist super, es ist sonnig und warm. Was machst du? Sehen wir uns bald?
Viele Grüße
Samira

Teil 2 *Zum Beispiel:*
Hallo Eleni,
danke für die Einladung, ich komme sehr gern! Ich backe gern und kann einen Kuchen für dich backen. Was sagst du? Und noch eine Frage: Ich war noch nie in dem Sportverein. Wie muss ich fahren?
Liebe Grüße
Emma

Sprechen

Teil 2 *Zum Beispiel:* Ich möchte später auf jeden Fall studieren. Ich liebe Tiere und will Tierärztin werden. In meiner Freizeit möchte ich dann viel reisen und die Welt kennenlernen, am liebsten mit meinen Freunden. Mit meinen Freunden macht das Reisen bestimmt viel mehr Spaß.

Quellenverzeichnis

Cover: Cornelsen/Illustration: Irina Zinner, Foto: mauritius images/Westend61; **U 2**: Gestaltung der Icons: Stan Hema, Berlin 2017/2018; **S. 3** (1): Shutterstock.com/Songtam Srinakarin, (2): Shutterstock.com/Kite_rin, (3): Shutterstock.com/Vasilyev Alexandr, (4): Shutterstock.com/Piotr Piatrouski, (5): stock.adobe.com/studio/Prostock/Prostock-studio, (6): Shutterstock.com/Roman Samborskyi, (7): stock.adobe.com/bongkarn, (Noten, Mikrofon): Shutterstock.com/Alexander Lysenko, (Landkarte): Shutterstock.com/AridOcean, (unten rechts): Shutterstock.com/nacroba; **S. 6** (A): stock.adobe.com/Heplevent Bros., (B): Shutterstock.com/Songtam Srinakarin, (C): Shutterstock.com/Mariia Korneeva; **S. 7** (Kopfhörer, Basecap, Mikrofon): stock.adobe.com/hadanello88, (Rapperin): Shutterstock.com/Mix and Match Studio, (Wettersymbole): stock.adobe.comn/adiinko; **S. 8** (Windrose): Shutterstock.com/LoveDesignShop, (Wetterkarte): stock.adobe.com/DURIS Guillaume, (5. 1-A): stock.adobe.com/OceanProd, (5. 1-B): stock.adobe.com/soleg, (5. 1-C): stock.adobe.com/Ripicts.com/Sergey Novikov, (5. 2-A): Shutterstock.com/Just dance, (5. 2-B): stock.adobe.com/Halfpoint, (5. 2-C): Shutterstock.com/Aleksandra Starkova, (5. 3-A): Shutterstock.com/Light-Studio, (5. 3-B): stock.adobe.com/Julia Mashkova, (5. 3-C): stock.adobe.com/studio.com (Olga Yastremska and Leonid Yastremskiy)/Africa Studio; **S. 9** (oben rechts): stock.adobe.com/Rudie, (unten rechts): stock.adobe.com/lev dolgachov/Syda Productions; **S. 10** (Flagge): Shutterstock.com/Kateryna Larina, (Emoji Familie, Flugzeug, Sonne, Sonnenschirm, Schwimmer, Surferin, Zwillinge): Shutterstock.com/AridOcean, (Emoji Paella): Shutterstock.com/La Gorda, (Emoji blonde Frau): Shutterstock.com/flower travelin man, (Emoji Geschenk): Shutterstock.com/nendra wahyu kuncoro; **S. 11** (Biber): stock.adobe.com/Elena, (Lagerfeuer): stock.adobe.com/sercansamanci, (Eisvogel): stock.adobe.com/Edwin Butter Fotografie; **S. 12** (Emojis): Shutterstock.com/Vector bucket, (A): stock.adobe.com/Image'in, (B): Shutterstock.com/Desizned, (C): Shutterstock.com/hurricanehank; **S. 13**: Shutterstock.com/Viktoria Sokolova; **S. 15** (A): stock.adobe.com/Allistair F/peopleimages.com, (B): stock.adobe.com/Rüdiger Kottmann, (C): Shutterstock.com/Roman Chazov; **S. 16**: Shutterstock.com/Kite_rin; **S. 18**: stock.adobe.com/Queenmoonlite Studio; **S. 19** (Hund): stock.adobe.com/prystai, (Tatze): Shutterstock.com/Lunaraa; **S. 20** (1): stock.adobe.com/Drobot Dean, (2): stock.adobe.com/Iakov Filimonov/JackFm (3): Shutterstock.com/Jelena Aloskina; **S. 22** (Inese): Shutterstock.com/julialine, (Rosa): Shutterstock.com/Krakenimages.com; **S. 24** (oben): Shutterstock.com/Lordn, (unten): Shutterstock.com/paffy; **S. 25** (Emojis): Shutterstock.com/Vector bucket, (Mädchen): Shutterstock.com/mimagephotography, (Junge): Shutterstock.com/Ljupco Smokovski; **S. 26** (Jungen): Shutterstock.com/Luis Louro, (Mädchen): stock.adobe.com/Kudrin Ruslan/Ruslan Kudrin, (Emojis): Shutterstock.com/Vector bucket; **S. 27** (A): stock.adobe.com/Andrey_Arkusha, (B): stock.adobe.com/maxximmm, (C): stock.adobe.com/K.-U. Häßler, (D): stock.adobe.com/vovan, (E): Shutterstock.com/Vasilyev Alexandr, (F): Shutterstock.com/View-Stock, (G): stock.adobe.com/Harald Lange NaturBild/Omika; **S. 28** (oben): stock.adobe.com/luismolinero, (unten): Shutterstock.com/PegasuStudio; **S. 30** (A): mauritius images/alamy stock photo/360b, (B): mauritius images/Keystone, (C): mauritius images/alamy stock photo/Pictorial Press Ltd., (D): mauritius images/Oliver Gutfleisch, (E): mauritius images/alamy stock photo/Matthias Wehnert, (Hintergrund Landkarte): Shutterstock.com/AridOcean, (Noten, Mikrofon): Shutterstock.com/Alexander Lysenko; **S. 31** (F): mauritius images/Oliver Gutfleisch, (G): mauritius images/alamy stock photo/Zoonar GmbH, (Noten, Mikrofon): Shutterstock.com/Alexander Lysenko; **S. 32** (A): Shutterstock.com/Tobias Thaele, (B): stock.adobe.com/Nate Hovee, (C): stock.adobe.com/christophstoeckl; **S. 33** (oben): Shutterstock.com/photo20ast, (Mitte): Shutterstock.com/KUCO; **S. 34** (A): Shutterstock.com/hurricanehank, (B): Shutterstock.com/Vershinin89, (C): Shutterstock.com/pureshot, (D): Shutterstock.com/Piotr Piatrouski, (E): Shutterstock.com/BAZA Production, (F): Shutterstock.com/Phonix_a Pk.sarote, (Hintergrund unten): Shutterstock.com/SmLyubov, (Emojis): Shutterstock.com/SeyfDesigner; **S. 36** (1): stock.adobe.com/Bla, (2): Shutterstock.com/finwal89, (3): Shutterstock.com/ledokolua, (4): Shutterstock.com/Marine's, (A): Shutterstock.com/Ground Picture, (B): Shutterstock.com/Fabio Principe, (C): Shutterstock.com/Gorodenkoff; **S. 37** (Emojis): Shutterstock.com/pixelliebe, (Hintergrund): Shutterstock.com/SmLyubov; **S. 38** (Emojis Herz, Party, Brille): Shutterstock.com/pixelliebe, (Emoji grüner Haken): Shutterstock.com/daddy.icon; **S. 39**: Shutterstock.com/Dmytro Sheremeta; **S. 40** (Fenster): Shutterstock.com/Zern Liew, S. 40 (Plakat): Shutterstock.com/Mironov Konstantin, (Papierkorb): Shutterstock.com/kontur-vid, (Powerknopf): Shutterstock.com/V.studio; **S. 43** (Emojis): Shutterstock.com/Tartila; **S. 44** (Mitte): Shutterstock.com/WAYHOME studio, (unten): stock.adobe.com/Prostock-studio; **S. 46** (Mädchen): stock.adobe.com/insta_photos, (zzz): Shutterstock.com/Ola_view, (Filmklappe): Shutterstock.com/Ola_view; **S. 47**: stock.adobe.com/Thomas Auman; **S. 48**: Shutterstock.com/eurobanks; **S. 50** (oben): Shutterstock.com/Tatiana Buzmakova, (1): Shutterstock.com/Nomad_Soul, (2): stock.adobe.com/Stefanie Ortanderl/natros, (3): Shutterstock.com/Roman Samborskyi, (4): stock.adobe.com/Lazy_Bear; **S. 51**: stock.adobe.com/BillionPhotos.com; **S. 53** (oben): stock.adobe.com/Ron; **S. 54**: stock.adobe.com/Iakov Filimonov/JackF; **S. 55** (oben links): Shutterstock.com/Monkey Business Images, (oben rechts): Shutterstock.com/Africa Studio, (Emoji Sonnenbrille, Unwohlsein, lächeln, zornig): Shutterstock.com/pixelliebe, (Emojis Weltkugel, Baum, Recycling): Shutterstock.com/AridOcean, (Emoji Daumen): Shutterstock.com/djdarkflower; **S. 56** (unten): Shutterstock.com/studiovin; **S. 57** (glatt, lockig): Shutterstock.com/Zdenka Darula, (gestreift): stock.adobe.com/Teerasan, (gepunktet): stock.adobe.com/Tanita, (kariert): stock.adobe.com/Henry Schmitt; **S. 58** (oben): Shutterstock.com/VH-studi, (unten): stock.adobe.com/Zerbor; **S. 59**: Shutterstock.com/Monkey Business Images; **S. 60** (oben): Shutterstock.com/Jimartinfotografo, (Mitte): Shutterstock.com/Pressmaster, (unten): stock.adobe.com/krissikunterbunt; **S. 62** (oben): Shutterstock.com/ArtOfPhotos, (unten): Shutterstock.com/MAOIKO; **S. 63**: Samuel Reißen; **S. 64**: stock.adobe.com/bongkarn; **S. 66** (Emoji Sonnenbrille, Herz): Shutterstock.com/pixelliebe, (Hintergrund oben): Shutterstock.com/GoodStudio, (Mitte): Shutterstock.com/nacroba; **S. 67** (1): Shutterstock.com/petch one, (2): Shutterstock.com/stockakia, (3): stock.adobe.com/Dariusz T. Oczkowicz, ars digital media services/4th Life Photography, (4): stock.adobe.com/Gautierbzh, (5): stock.adobe.com/refresh(PIX), (6): stock.adobe.com/stockcreations/exclusive-design, (7): stock.adobe.com/MissesJones, (8): Shutterstock.com/Tim UR, (9): stock.adobe.com/studio.com (Olga Chernetska and Leonid Yastremskiy)/Africa Studio; **S. 68** (Bilderrahmen): Shutterstock.com/Frame Art, (Bild im Bilderrahmen): stock.adobe.com/lev dolgachov/Syda Productions, (1): Shutterstock.com/cyo bo, (2): Shutterstock.com/Kolonko, (3): Shutterstock.com/sunnychicka, (Mädchen): stock.adobe.com/Cookie Studio; **S. 69** (Hitzefrei): stock.adobe.com/magele-picture, (Schwimmbad): stock.adobe.com/starsstudio, (schlafen): stock.adobe.com/Sabphoto; **S. 70**: stock.adobe.com/zinkevych; **S. 73** (Hintergrund Mitte): Shutterstock.com/Svetoboom; **S. 76** (11-A): stock.adobe.com/Africa Studio, (11-B): Shutterstock.com/Pixel-Shot, (11-C): Shutterstock.com/Victoria Chudinova, (12-A): stock.adobe.com/Ramon Grosso, (12-B): stock.adobe.com/Markus Mainka, (12-C): Shutterstock.com/ricardo_ffj, (13-A): stock.adobe.com/MIA Studio, (13-B): stock.adobe.com/Smeilov, (13-C): stock.adobe.com/OlgaSaliy/Annatamila, (14-A): stock.adobe.com/InsideCreativeHouse, (14-B): stock.adobe.com/helivideo, (14-C): stock.adobe.com/hanahal, (15-A): Shutterstock.com/Brocreative, (15-B): stock.adobe.com/danedwards, (15-C): Shutterstock.com/Soloviova Liudmyla; **S. 80**: stock.adobe.com/Rudie; **S. 81** (links): Shutterstock.com/Jacob Lund, (rechts): Shutterstock.com/Darren Baker; **S. 82**: Shutterstock.com/Ground Picture; **S. 83**: stock.adobe.com/Wayhome Studio

Textquellen

Thomas Petritsch: S. 66 (Sprechblasen)